Maike Wöhler
Kulturwissenschaftlerin M.A.
Projektkoordinatorin und JobCoach
Berufliche Schwerpunkte „Migration und Integration"
mit den Themenbereichen Erwerbstätigkeit und
„Arbeit und Leben"

Will-
kommen

Καλωσό
ριο να

Kalosorisme

DIE ENTWURZELUNG IST BEI WEITEM DIE
GEFÄHRLICHSTE KRANKHEIT
DER MENSCHLICHEN GESELLSCHAFT.

WER ENTWURZELT IST, ENTWURZELT.
WER VERWURZELT IST, ENTWURZELT NICHT.

DIE VERWURZELUNG IST VIELLEICHT DAS
WICHTIGSTE UND MEISTVERKANNTE
BEDÜRFNIS DER MENSCHLICHEN SEELE.

SIMONE WEIL

„Alles ist so lange fremd, bis man sich kennt.

Wenn man die Möglichkeiten nicht hat, sich kennenzulernen,

wird man immer fremd bleiben und es wird keine Integration geben"

Die ehemalige „Kalleanerin" und Chemiearbeiterin Christina Kasanzidis

© 2020 Maike Wöhler
Umschlaggestaltung, Illustration: Udo Leuchtmann, Bremen
Lektorat, Korrektorat: Maike Wöhler, Sylke Freimark

Verlag & Druck: tradition GmbH, Halenreie 40-44, 22359 Hamburg

Bibliografische Information der Deutschen Nationalbibliothek
Die Deutsche Nationalbibliothek verzeichnet diese Publikation in der
Deutschen Nationalbibliografie; detaillierte bibliografische Daten sind im Internet über
http://dnb.d-nb.de abrufbar.

Die Namen der interviewten Personen wurden aus Gründen des Datenschutzes
pseudonymisiert.

978-3-347-01419-0 (Paperback)
978-3-347-01420-6 (Hardcover)
978-3-347-01421-3 (e-Book)

„Man ist nur so lange fremd, bis man sich kennt"

Griechische Arbeitsmigration in Wiesbaden im 20. Jahrhundert

Danksagung

Mein ausdrücklicher Dank gilt Erzpriester Georgios Papassalouros und den Mitgliedern der griechisch-orthodoxen Gemeinde „Heiliger Georgios" in Wiesbaden-Biebrich. Ohne die Hilfe und Unterstützung des Erzpriesters „Vater Georgios" und seiner „Patenschaft" wäre das Projekt zur griechischen Arbeitsmigration kaum realisierbar gewesen. Ein besonderer Dank geht an das Wiesbadener Stadtarchiv, Dr. Brigitte Streich und Georg Habs für den förderlichen Austausch und die bereichernde Kooperation sowie an das Staatsarchiv Bremen.

Großer Dank gilt neben meiner Familie in Bremen und Schlangenbad auch meinen griechischen und deutschen Interviewpartnern, für die Ausdauer, ihre Geduld bei den umfangreichen Fragen meines Interviewleitfadens, für die bereichernden Gespräche, ihre Unterstützung und Hilfsbereitschaft. Ich danke den Menschen, die mir auch kurzfristig für spontane Fragen geduldig zur Verfügung standen und die zum Teil anonym bleiben wollten. Wichtig war ihnen der Sachkontext und die ihrer Meinung nach übertragbare Geschichte der Migration und nicht der jeweilige Name oder die Person.

Leftheris Athanasiadis

Konstantinos Avaniadis

Georgios Charisopoulos

Dimitrios Danidis

Michael und Jutta Dimitrou

Sylke Freimark

Zissis und Maria Karafillis

Nikos Katsolidis

Arnd Kippenberg

Areti Kostopoulou

Volker Kraushaar

Christos Mantzios

Hans-Michael Maus

Dimi Mouras

Zaharatos Panajiotis (Panagis)

Argyri Paraschaki

Manuela Pintus

Joannis und Gudrun Sidiras

Christos und Elias Simonidis und Jutta Eilbacher

Familie Tsouras

Brigitte Richter-Undeutsch

Arif Ulusoy

Harry Vezyrgenidis

Die Autorin im Gespräch mit dem Interviewpartner Dimi Mouras

1. Ein Prozess der Annäherung

Zur Geschichte des Projektes „Man ist nur so lange fremd, bis man sich kennt"

> *„Es ist die Haltung, die darüber entscheidet, wie wir Migration sehen.*
> *Die eigene nationale Sicht macht aus den Menschen, die zuwandern, die ‚Anderen'.*
> *Sie sind zuerst Fremde, die es zu verstehen, eventuell abzuwehren oder gar zu kontrollieren, zu fördern und letztendlich zu integrieren gilt."*[1] (Dimi Mouras)

Die vorliegende Publikation entstand aus dem ehrenamtlichen einjährigen Forschungsprojekt **„Man ist nur so lange fremd, bis man sich kennt – Griechische Arbeitsmigration in Wiesbaden im 20. Jahrhundert"**.

Der Fokus wurde auf die sogenannten „Einwandererfamilien" der ersten Generation gelegt, um die verschiedenen Formen ihrer Integration und den individuellen Migrationsprozess näher zu erforschen. Befragungen griechischer Zeitzeug*innen der 1. Stunde ergaben, dass der Vorgang der Migration oft über die Generationen hinweg andauert – also generationenübergreifend stattfindet.

Deutlich wurde, dass Integration und Migration nicht irgendwann aufhören, „wenn man im Zielland geblieben ist"[2], sondern andauern und als ein fortwährender Prozess zu verstehen sind. Wer einst weggegangen ist, braucht viele Jahre, um „anzukommen" und zu „bleiben".

Geschichte(n) der Migration ist (sind) auf heute übertragbar

Mit diesem Projekt soll nicht nur ein Beitrag zur aktuellen Migrationsarbeit geleistet werden, sondern es soll zugleich ein Erinnern an die noch andauernde Integrationsarbeit und Integrationsleistung der griechischen Migrantinnen und Migranten der Region erfolgen. Die Geschichte der Migration ist oft in ihren Abläufen und Prozessen auf heute übertragbar und damit eine wichtige und unverzichtbare Hilfestellung für zugewanderte Menschen, die diesen oft mühsamen Prozess erst beschreiten müssen.

Ein Prozess der Annäherung

Ziel war es, den Prozess der Annäherung der in diesem Sinne als *„deutsch"* und *„griechisch"* konstruierten Gruppen und die **Vielfalt dieses aktiven Prozesses von beiden Seiten aufzuzeigen.**

Der Begriff der Integration wird als ein andauernder und flexibler Prozess der Annäherung, des gegenseitigen Kennenlernens verstanden. Der Blick auf die individuelle Kultur des Deutschlernenden und das gegenseitige Annähern und Erkunden mit einem vielfältigen System an Orientierungen und Präferenzen stehen im Vordergrund und nicht die Annahme von gegebenen geschlossenen nationalen Kulturen.

Das Kennenlernen mehrerer Kulturen verstehe ich als *„beidäugiges Sehen"*. Man sieht mit „mehreren Augen" und aus verschiedenen Blickwinkeln, wenn gleichzeitig eine Öffnung der eigenen kulturellen Option mit einer Reflexion der eigenen Kultur- und Lebenswelt einhergeht.

Insofern ist das Kennenlernen und die Beschäftigung mit dem sogenannten „Fremden" auch immer eine Auseinandersetzung mit der eigenen Kultur, also letztendlich auch eine Bereicherung und eine „Erweiterung der Dimension des eigenen Lebens". [3]

Die Befragungen griechischer Gastarbeiterinnen und Gastarbeiter der ersten Stunde ergaben spannende, aufregende, interessante, aber auch bewegende Geschichten über das Weggehen, das Zurücklassen der „Heimat", die Einsamkeit der Ferne, die Sehnsucht nach der Familie und den Kindern, die oft zurückblieben und erst Jahre später, als man sich etabliert hatte, nachgeholt wurden. Die interviewten Menschen bekräftigten, dass sie hier in Deutschland schon „lange angekommen" seien, auch wenn besonders in der ersten Generation „das Herz in Griechenland ist und bleibt".

2. Interview mit Georgios Papassalouros

Erzpriester der griechisch-orthodoxen Pfarrgemeinde „Heiliger Georgios Wiesbaden-Mainz", zur aktuellen und geschichtlichen Situation der griechischen Migration in Wiesbaden

„Ein Mensch, der seine Heimat verlässt, ist wie ein Baum, der an einem Ort aus der Erde gerissen und an einen anderen Ort neu verpflanzt wird"

Vater Georgios, Ihre griechisch – orthodoxe Gemeinde in Wiesbaden-Biebrich, wo Sie seit 1976 – seit über 40 Jahren - als Pfarrer aktiv sind, versteht sich als „ein Hafen im Meer der Fremde, wo emigrierte Griechen und orthodoxe Deutsche Wärme und Zuflucht in der Odyssee des Lebens" finden. Verstehen Sie und Ihre Gemeindemitglieder Deutschland bzw. Wiesbaden noch als „Fremde"?

„Nein, schon lange nicht. Die Menschen unserer Gemeinde leben ja schon lange in Wiesbaden. Sie haben hier Familie, Freunde und Arbeit. Wir sind schon lange angekommen! Die Kirche bleibt aber ein „sicherer Hafen". Hier können die Menschen im Gebet Kraft tanken und in schwierigen Situationen Hilfe finden. Auf diese Geschichte des Ankommens in Wiesbaden schauen wir voller Dankbarkeit und Demut."

Vater Georgios in der Kirche „Sankt Georg", Pfarrgemeinde „Heiliger Georgios",
Patronatsfest Wiesbaden 2018

9

Wie erleben Sie den Stellenwert und die Akzeptanz der griechisch-orthodoxen Kirche innerhalb der griechischen Gemeinde im Rhein-Main-Gebiet? Gab es Veränderungen?

„Ich kann nur aus meiner Erfahrung sprechen. Die Menschen, die zu den Gottesdiensten kommen, kommen sehr gerne. Viele Menschen engagieren sich auch in der Gemeinde. Nehmen Sie nur den Bau unserer Kirche. Hier haben viele Menschen geholfen. Jeder, wie er konnte, mit eigener Arbeit oder mit Spenden. Auch unsere Gemeindefeste wären nicht möglich ohne viele helfende Hände."

Mit welchen Anliegen kamen die meisten Menschen? Was waren die Hauptthemen?

„Die Menschen kommen zu uns mit den Dingen, die alle Menschen beschäftigen. Ich glaube nicht, dass es da Unterschiede gibt. Wie soll man mit einem Schicksalsschlag umgehen? Was passiert, wenn ein Familienmitglied krank wird? Vielleicht gibt es ein paar Themen, die spezieller sind. Am Anfang waren viele Männer alleine hier und von ihren Familien getrennt. Das hat sie sehr belastet. Oder denken Sie an Paare, die ihre Kinder zu den Großeltern nach Griechenland geschickt haben, damit die Kinder dort in die Schule gehen konnten. Heute beschäftigen uns die Themen Bildung und Sprache. Was können wir tun, damit unsere Kinder weiter Griechisch lernen können?"

War das Thema Integration ein wichtiges Thema für die Gemeindemitglieder?

„Integration ist ein sehr wichtiges Thema. Aber ich bin kein Politiker und auch kein Wissenschaftler. Ich kann nur aus meiner Erfahrung als Seelsorger sprechen. Die Menschen sorgen sich um ihre Familien und ihre Arbeit. Sie wollen, dass es ihren Kindern gut geht. Die Kinder sollen gesund sein und eine gute Bildung bekommen. Denken Sie an die erste „Gastarbeiter"-Generation. Viele von ihnen hatten nur die Grundschule besucht. Wenn ihre Kinder einen Beruf erlernt oder studiert haben, sind sie sehr stolz."

Wie sah eine Integrationsförderung vonseiten der griechisch-orthodoxen Kirche aus?

„Ein Mensch, der seine Heimat verlässt, ist wie ein Baum, der an einem Ort aus der Erde gerissen und an einen anderen Ort neu verpflanzt wird. Die Kirche kann helfen, die „Entwurzelung" zu verarbeiten. Denn in der Fremde ist sie etwas Bekanntes. Dann kann sie helfen, in der Fremde neue Wurzeln zu schlagen. Damit die Fremde zu einer neuen Heimat wird. Die Arbeit in der Kirche ist spirituell und sozial. Wir helfen als Ort des Glaubens und des Gebetes, aber wir haben natürlich auch Tipps für Sprachkurse, Arbeits- und Wohnungssuche."

Gab es Kooperationen mit der Stadt, den ansässigen Kirchen und anderen Institutionen?

„Selbstverständlich! Denken Sie nur daran, dass unsere Kirche am Anfang in der evangelischen Lutherkirche zu Gast war. In den „urchristlichen Katakomben" - wie wir sie genannt haben. An diese Zeit denken wir sehr dankbar zurück. Und noch immer ist der Kontakt lebendig, etwa über den Arbeitskreis Christlicher Kirchen. Auch zu der Stadt haben wir eine gute Beziehung. Man hat uns bei der Suche nach einem neuen Gotteshaus geholfen. Denken Sie auch an das Ordnungsamt und an die Polizei, die die Straßen sperren, damit wir unsere Osterprozession abhalten können. Wir sind über dieses gute

In der griechisch-orthodoxen Kirche „Heiliger Georgios", Wiesbaden-Biebrich 2019

Verhältnis sehr glücklich. Das spornt uns an, als Gemeinde zu einem guten Stadtleben beizutragen. Des Weiteren nehmen wir an allen Veranstaltungen der Arbeitsgemeinschaft Christlicher Kirchen (ACK) teil."

Unsere ältere Generation spricht Biebricherisch!

Wie sahen das Leben und der Alltag griechischer Einwander*innen in Deutschland aus (bezogen auf Familie, Alltag, Arbeit und Leben, Religion)?

„Sie waren sehr arm und kamen nach Deutschland, um ihren Kindern eine bessere Zukunft zu ermöglichen. Dass viele von ihnen in Deutschland bleiben würden, wussten sie nicht. Das Ziel war, in Griechenland ein Haus zu bauen. Also gab man in Deutschland nur das Allernötigste aus. Die Familien kamen erst später nach. Das war für Viele sehr belastend. Die Kirche und die Religion waren da eine Stütze. In ihrem Alltag auf der Arbeit lernten sie aber auch viele deutsche Kolleginnen und Kollegen kennen. Unsere ältere Generation spricht Biebricherisch!"

Rückblickend auf den Migrationsprozess: was war positiv, wo gab es Schwierigkeiten?

„Die Möglichkeit nach Deutschland zu kommen, hier Arbeit zu finden, der Armut zu entkommen. Die Anerkennung der deutschen Kollegen, wenn gute Arbeit geleistet wurde. Die Möglichkeit, hier eine neue Heimat zu finden. Das alles ist sehr positiv. Die Trennung von der Familie war damals eine sehr harte Erfahrung. Heute gibt es neue Herausforderungen: Unsere Kinder wachsen nun als Deutsche und Griechen auf. Was können wir dafür tun, dass sie auch Griechisch gut lernen können? Das liegt uns am Herzen."

Was würden Sie heute aus Ihrer Erfahrung heraus den ausländischen Menschen, die neu nach Deutschland kommen und den Personen, die mit ihnen an ihrer Integration arbeiten, empfehlen, damit diese auch gelingen kann?

„Lernt die deutsche Sprache, seid fleißig und öffnet Eure Herzen!"

Auf der Skala von 1 (schlecht) bis 10 (gelungen) – wie fühlen Sie sich integriert?

„10"

3. Geschichte der Arbeitsmigration – Die Griechen machen sich auf den Weg

Geschichte der (neu-)griechischen Migration

Migrationen, Wanderungen hat es immer gegeben. Zu jeder Zeit in der Geschichte gab es Wanderungen, Bewegungen von Menschen über Grenzen. Die Menschen machten sich auf den Weg und verließen ihre Herkunftsregionen. Die Gründe hierfür waren vielfältig: Verfolgung und Vertreibung, Krieg, Naturkatastrophen, Arbeitslosigkeit und Armut trieben Menschen, Familien und ganze Regionen dazu, ihre Heimat zu verlassen und sich in anderen Regionen oder Ländern niederzulassen oder auch weiterzuwandern.

Die Auswertungen der Befragungen der Wiesbadener Griechinnen und Griechen ergab, dass die Geschichte der ehemaligen „Gastarbeiter" nicht als normativ gefärbte Opfergeschichte zu sehen ist. Vielmehr werden gerade am Beispiel der griechischen Zuwander*innen im 20. Jahrhundert wesentliche Aspekte des Migrationsprozesses sichtbar. Der Prozess der Migration geschah nicht starr, in dem die Aufnahmegesellschaft die Normen vorgab und man sich dem anpasste und passiv einfügte; vielmehr nahmen griechische Arbeitsmigranten ihr Schicksal aktiv in die eigenen Hände, machten sich auf den Weg und gestalteten neue „soziale Räume".

Migration und Arbeitsmigration

Hauptgründe der Migration sind demnach die Suche nach wirtschaftlicher Absicherung und Arbeit sowie der Schutz vor Verfolgung.[4] So gesehen schließt der Begriff der Migration auch den Begriff der Arbeitsmigration mit ein.[5]

Die befragten griechischen Zuwander*innen der 1. Generation werden im Sinne der oben genannten Definition von „Migration" unter dem Begriff der Arbeitsmigranten zusammengefasst, als ein „auf Dauer angelegter bzw. dauerhaft werdender Wechsel in eine andere Gesellschaft oder Region von einzelnen oder mehreren Menschen" mit erwerbs-, familienbedingten, politisch oder biographisch geprägten Wanderungsmotiven.[6]

Hellas Express

Kurze Begriffsbestimmung

Migration: *Ab- und Auswanderung (meistens im Zusammenhang mit Arbeitsmigration) stammt vom lateinischen Verb „migrare", was so viel wie wandern, auswandern, sich verändern bedeutet. Man spricht von Migration, wenn Menschen aufgrund ökonomischer, politischer, religiöser oder ethnonationaler Motive an einen anderen, fremden Ort ziehen, dauerhaft oder zumindest längerfristig ihren Lebensmittelpunkt verlagern.*

Emigration: *Weggang aufgrund politischer, ökonomischer, religiöser Motive.*
Man spricht von Emigration, sobald der neue Wohnort zum festen Lebensmittelpunkt auf unbestimmte Zeit wird.

Immigration: *beschreibt die Einwanderung von Menschen, die ihr Heimatland verlassen, um endgültig in einem anderen Land zu leben.*

Remigration: *Hält sich ein Mensch zum Beispiel aufgrund von Erwerbstätigkeit[7] an dem neuen Wohnort befristet auf, mit der Absicht, wieder in sein Herkunftsland zurückzukehren, spricht man von* **„Pendelwanderung"** *oder* **Re-Migration***.*

Migration *bedeutet auch, dass Wanderungen nicht nur linear verlaufen, sondern – wie gerade in der Gruppe der griechischen ersten Zuwander*innen – in den Anfangsjahren der Arbeitsmigration im 20. Jahrhundert eine rege Zu- und Abwanderung, aber auch eine starke Re-Migration erfolgte, also eine Rückkehr nach Griechenland. Besonders in der Gruppe der griechischen Migrant*innen – im Vergleich zu anderen nationalen Zuwanderergruppen - liegen die Fortzüge der Griechinnen und Griechen aus Deutschland höher und es entwickelte sich eine rege Migrationswanderbereitschaft. Dies zeigte sich in Prozessen hoher sozialer Mobilität, denn nach Athina Paraschou, die das Re-Migrationsverhalten griechischer Familien untersuchte, kehrten bis in die 1990er Jahre über 86 % griechischstämmiger Personen wieder nach Griechenland zurück.[8]*

Integration: *wird als andauernder Prozess gesehen, der sich in ständiger Bewegung und Veränderung befindet. Das heißt: die Gastarbeiter*innen von damals trugen mit ihrer eigenen Kultur[9] zu einer sozialen und gesellschaftlichen Veränderung aktiv bei. Im wirtschaftlich aufstrebenden Nachkriegsdeutschland erwartete man die fremden Zuwanderinnen und Zuwanderer. Sie waren willkommene Gäste – Gäste, die allerdings arbeiten mussten. Die deutsche Gesellschaft war auf diese „Gäste" (noch) nicht vorbereitet.*

Die ersten Einwander*innen, die Anfang der 1960er Jahre bis zum Anwerbestopp im Jahr 1973 zuzogen, werden als 1. Generation und die im deutschen Aufnahmeland geborenen Kinder werden als 2. Generation mit den Folgegenerationen bezeichnet. Die Gastarbeitergeneration der Anfangszeit erhielt den sprachlichen Zusatz „1. Generation" jedoch erst in der Rückschau, als sich schon Kinder und Kindeskinder mit Migrationshintergrund als 2. oder 3. und als Folgegeneration konstituierten.

Gastarbeiterinnen und Gastarbeiter: Bezeichnet eine spezifische Form ausländischer Erwerbstätiger mit einer anfangs zeitlich begrenzten Aufenthalts- und Arbeitserlaubnis. Der Begriff etablierte sich im Rahmen der „Gastarbeiterära" in den 1960er Jahren – im beruflichen Kontext dauerte es über zehn Jahre, bis ab den 1970er Jahren nicht mehr von

Leben im „Ausländer"-Wohnheim

„Gastarbeiterinnen und Gastarbeitern", sondern von „ausländischen Mitarbeiterinnen und Mitarbeitern" gesprochen wurde.

Die Ära der „Gastarbeit" entwickelte sich ab Mitte der 1950er Jahre bis zur (durch den Öl-preisschock ausgelösten) Wirtschaftskrise 1973 auf der Grundlage bilateraler Abkommen zwischen den nord(west)europäischen Anwerbe- und den südeuropäischen Entsendelän-dern über den Transfer von Arbeitskräften.

Die Wanderungsform der „Gastarbeiterwanderung" implizierte eine Wanderung auf Zeit, die spätestens zum Anwerbestopp im Jahr 1973 und mit dem EU-Beitritt Griechenlands im Jahr 1981 endete. Allerdings sind im 21. Jahrhundert wieder (Aus-)Wanderungsbewe-gungen von Griechenland nach Deutschland festzustellen.

Wege der Arbeitsmigration

Die Verantwortung und die Hauptorganisation für den transnationalen Arbeitskräftetransfer lag bei der staatlichen Arbeitsverwaltung, der Bundesanstalt für Arbeit[10] in Deutschland.

Vertragsunterzeichnung im Anwerbebüro der Deutschen Kommission in Thessaloniki im Jahr 1965

Germaniken Epitropin en Elladi – Die „Deutsche Kommission" und Verbindungsstelle der Bundesanstalt für Arbeit zur Anwerbung von Gastarbeiter*innen in Griechenland

Aufgrund des Arbeitskräftemangels in Deutschland und steigender Nachfrage nach Arbeitskräften wurden in den Folgejahren Niederlassungen der „Deutschen Kommission" – mit dem ersten „Anwerbebüro" in Athen – auch in Saloniki und den anderen Hauptstädten der Nordprovinzen eingerichtet. Die bundesdeutsche Arbeitsbehörde etablierte so in allen Entsendeländern entsprechende Außen- oder Anwerbestellen als „Deutsche Kommissionen" oder „Verbindungsstellen". In Zusammenarbeit mit den dortigen nationalen Arbeitsbehörden realisierte sie hier die Anwerbung, Abwicklung und Weiterleitung der Arbeitskräfte in das „Ausland" im Sinne des § 42 Abs.1 der AVAG (Arbeitsvermittlungsgesetz).

Die Staatliche Anwerbung - Der „1. Weg": Anwerbung über die Bundesanstalt für Arbeit – Der Vermittlungsauftrag - Anwerbung und Vermittlung

Für alle Anwerbeländer setzte man das gleiche bürokratische Anwerbeverfahren um: Der bundesdeutsche Arbeitgeber erteilte dem kommunalen Arbeitsamt vor Ort einen Vermittlungsauftrag mit präzisen Angaben über die Anzahl der freien Arbeitsplätze und über die

„Gastarbeiter im Käfig des Gabelstaplers", 1965

erforderlichen Arbeitskräfte, auch Wünsche der jeweiligen Nationalität, Geschlecht, Alter sowie Bedarfe der beruflichen Qualifikationen, aber auch das erforderliche Gesundheitsprofil der künftigen Arbeitskräfte.

Stellte das regionale Arbeitsamt nach Prüfung des Vermittlungsauftrages fest, dass diese Anfrage nach ausländischen Arbeitskräften mit den gemeldeten (freien) Arbeitsplätzen nicht mit deutschen Arbeitnehmer*innen gedeckt werden konnte[11], musste von Seiten des Arbeitgebers sichergestellt werden, dass auch die tariflichen Bedingungen[12] am Arbeitsplatz den „Musterarbeitsverträgen des Anwerbeabkommens" entsprachen. Außerdem hatte die jeweilige Firma eine „angemessene und menschenwürdige"[13] Unterkunft für ihre künftigen Gastarbeiter*innen zur Verfügung zu stellen. Erst wenn diese Bedingungen erfüllt waren, konnte die Anfrage als Auftrag an die deutsche Anwerbestelle im Vertragsstaat weitergeleitet werden. Wenn der Arbeitskräftebedarf beispielsweise der griechischen nationalen Arbeitsverwaltung in Athen gemeldet wurde, stellte diese nach eigener Vorauswahl bezüglich körperlicher und beruflicher Eignung[14] der Bewerber und entsprechender Eignungschecks die registrierten Personen den entsandten Anwerbebeamten der Bundesanstalt „zur Verfügung".

Der offizielle Weg war der obligatorische Gesundheitscheck im Herkunftsland, der die Gastarbeiter*innen und deren körperliche Tauglichkeit für die Arbeit am Fließband, wie in der Schwer- und Leichtindustrie oder auch am Hochofen oder am Bau abbildete. Fehlende Fach- oder Sprachkenntnisse stellten in den Anwerbejahren kein Ausschlusskriterium dar.

Hier begann schon die erste Hürde für die ausreisewilligen Griechinnen und Griechen: nach einem langen und aufwändigen Antragsverfahren beim griechischen Arbeitsministerium erhielt man eine sogenannte „Legitimationskarte", die als „Eintrittskarte" zur „Deutschen Kommission" bzw. den Anwerbestellen galt. Dies war allerdings nur ein Hindernis neben mehreren, denn die Menschen benötigten neben der Erlaubnis des Arbeitsministeriums für eine Arbeit in der Bundesrepublik zudem einen Reisepass. Erschwerend kam hinzu, dass die Bewerber*innen vor einer Ausreise die wichtige Erlaubnis zur Auswanderung beantragen mussten, die oftmals politisch linksstehenden Bewerber*innen versagt wurde. Nach Mitteilung von Konstantin Kotzias holten sich viele seiner Landsleute Unterstützung bei Abgeordneten ihrer Präfektur. Waren diese Hindernisse überwunden und die Formulare besorgt, mussten die Ausreisewilligen weitere Gesundheitsprüfungen deutscher Ärzte über sich ergehen lassen, die zum Teil sehr menschenunwürdig verliefen. Auch die einreisewilligen griechischen Frauen mussten sich diesen ärztlichen Untersuchungen unterziehen.

„Wir wurden nach Männer und Frauen getrennt. Wir mussten uns dann in einer Reihe aufstellen. Wir mussten den Mund öffnen und sie schauten, ob wir gesunde Zähne hatten. Es wurde vermessen und gewogen, nach Krankheiten untersucht, geröntgt, nach möglichen Schwangerschaften gefragt", beschreibt Eleni Dikefalos ihr persönliches Erlebnis der „Musterung" in der Deutschen Kommission im Jahr 1962 in Athen.

Im Jahr 1963 sorgten insgesamt 54 Mitarbeiterinnen und Mitarbeiter, davon 14 Fachkräfte, die als „Dienstreisekräfte" aus Deutschland nach Griechenland entsandt wurden und 40 „Ortskräfte", die aus ausländischem Hilfspersonal wie Dolmetscher, Stenotypistinnen und Telefonistinnen zusammengesetzt waren, für einen Arbeitskräfte-Transfer, der jährlich rasant anstieg und erst durch den Anwerbestopp im Jahr 1973 durch die Öl-Krise von Seiten der Politik zum Erliegen kam.

Über „Weiterleitungsstellen" der Bundesanstalt für Arbeit, die zentral in München ausschließlich für griechische, italienische und türkische Einreisewillige eingerichtet wurden (in Köln für Spanier) reisten die Griech*innen über den See- und Landweg über Piräus und Brindisi bis München (im ersten Jahr gab es noch eine Route für Nordgriechenland ab Saloniki über Jugoslawien – Österreich bis München). Die Menschen kamen oft in Sonderzügen oder in reservierten Abteilen von Reisezügen geschlossen an. Nach dieser beschwerlichen über 76-stündigen Anreise wurden sie am ersten offiziellen Stopp in München nicht nur mit Essen, sondern mit den ersten wichtigen Informationen versorgt.

Hier erteilte man erstmals die Auskünfte, an welchen (Arbeits-) Ort weiter transferiert wurde - der Ort und das jeweilige Unternehmen waren oft nicht bekannt, man fragte auch nicht, denn die Arbeitsaufnahme stand im Vordergrund.

Ankunft in Deutschland und Warten auf die Weiterreise

19

Im Jahre 1963 sind durch Stellen der Bundesanstalt für Arbeit im Ausland insgesamt 131.083 ausländische Arbeitnehmer*innen zur Arbeitsaufnahme in das Bundesgebiet vermittelt worden, darunter 40.598 Griechen, 35.265 Spanier, 31.784 Italiener und 23.436 Türken.

Kostenpflichtige Vermittlungsaufträge

Für jeden Vermittlungsauftrag bezahlte das deutsche Unternehmen eine Gebühr für den „Vermittlungsaufwand" an die Bundesanstalt für Arbeit. Für griechische Bewerberinnen und Bewerber betrug beispielsweise die Gebühr 170,- DM, bei italienischen Anwärtern 60,- DM. Der Betrag umfasste bis August 1973 die Kosten für den Vermittlungsaufwand sowie für ärztliche Untersuchungen und für die Reise, Verpflegung und Begleitung. Auf Drängen der Bundesregierung beschloss der Verwaltungsrat der Bundesanstalt für Arbeit, die Pauschale aufgrund gestiegener Vermittlungskosten für Mitglieder aus „Nicht-EG-Staaten" ab dem 1. September 1973 auf 1.000,- DM anzuheben. Die Bundesanstalt für Arbeit verwendete die Einnahmen im Rahmen der „Ausländerbeschäftigung" zum Bau von Unterkünften, Kindertagesstätten, zur Förderung der sprachlichen Bildung und zur

„Abfahrt von Thessaloniki – Sonderzug erster griechischer Gastarbeiter nach Deutschland", 1961

beruflichen Vorqualifizierung. Die Frage, ob mit einer erhöhten Vermittlungspauschale auch ein *„dämpfender Effekt auf die Nachfrage ausländischer Arbeitnehmer"*[15] ausgehen sollte, blieb durch den Vermittlungsstopp im November 1973 unbeantwortet. Konjunkturelle Abschwächungstendenzen und Energieversorgungsschwierigkeiten führten dazu, dass der Bundesminister für Arbeit sich gegen weitere ausländische Arbeitnehmerüberlassungen über die Auslandsdienststellen der Bundesanstalt für Arbeit aussprach und mit sofortiger Wirkung die ausländischen Kommissionen schließen mussten (davon ausgenommen waren aufgrund der EG-Freizügigkeitsregelung die italienischen Dependancen).

Die Bundesregierung und die Bundesanstalt für Arbeit vertraten Anfang der 1970er Jahre die Auffassung, dass eine sozialverantwortliche Konsolidierung der Ausländerbeschäftigung längerfristig nur in einem europäischen Rahmen und von *„allen maßgeblichen politischen Bereichen unterstützt werden sollte, insbesondere von der Wirtschafts- und Strukturpolitik, der Raumordnungs- und Wohnungsbaupolitik und der Arbeitsmarkt- und Entwicklungspolitik"*. Außerdem sei es sinnvoll *„aus sozialen, gesellschaftspolitischen und ökonomischen Erwägungen, eine Entwicklung zu begünstigen, welche die Produktionsmittel zu den Arbeitskräften bringt, wodurch die einseitige Wanderung der Arbeitnehmer zu den Produktionsstätten allmählich abgeschwächt werden könnte"*.[16]

Arbeitsaufnahme in Deutschland

Die namentliche Anforderung – gezielte Anwerbung durch deutsche Unternehmen
Um den steigenden Arbeitskräftebedarf in der Bundesrepublik zu decken, gab es die Möglichkeit der gezielten persönlichen Anforderungen durch deutsche Firmen. Das offizielle Verfahren und die damit verbundenen Anwerbungskosten wurden umgangen, in dem sie ausländische Mitarbeiterinnen und Mitarbeiter baten, Familienmitglieder, Bekannte oder Dorfbewohner namentlich anzufordern.[17]

Einreise über Touristenpass oder Touristenvisum

Die andere Möglichkeit war, mit einem zeitlich befristeten Touristenvisum zu seiner Familie zu reisen. Dies war in vielen Fällen eine inoffizielle „Familienzusammenführung". Bekam man Arbeit oder Ausbildung, wie Stavros Michelakakis, und genehmigte die damalige Ausländerpolizei und das regionale Arbeitsamt die Aufenthalts- und Arbeitserlaubnisse, wurde der Touristenpass verlängert und nach mehreren Befristungen in einen längerfristigen Aufenthalt umgewandelt und nach und nach die anderen Familienmitglieder nachgeholt.

„Wir waren 11, meine Mutter hatte 9 Kinder, 4 sind aber gestorben. Meine Eltern kamen aus der Landwirtschaft und mein Vater war schon seit 1962 nach Deutschland gegangen, um zu arbeiten. Ich wollte in Griechenland zum Gymnasium gehen und dann studieren. Ich war aber nur 6 Jahre in der Schule - 6 Jahre! Meine Mutter sagte, wir haben kein Geld, um dich zum Gymnasium zu schicken, gehe doch mal nach Deutschland und besuche Deinen Vater, da lernst Du was da. Ich dachte, ich bleibe nur kurz. Ich wollte nicht hierbleiben. Ich wollte die Mama bei mir haben. Ich kam dann ganz alleine mit 13 Jahren aus Drama nach Deutschland. In dieser Zeit hatte ich nur ein Touristenvisum für 3 Monate. Das verlängerte sich mit der angefangenen Ausbildung um zwei Jahre. Erst nach über zwei Jahren konnten wir unsere Mutter und die restlichen Geschwister nachholen." (Stavros Michelakakis)

Die 81jährige Griechin Athena, die über Bremen, Delmenhorst schließlich in Wiesbaden landete, berichtete von ihrer Anwerbung und der langen Reise in das unbekannte Land:

„Ich kam aus armen, ländlichen Verhältnissen und einer mehrköpfigen Familie. In der Hoffnung auf eine bessere Zukunft für mich und meine Familie, bin ich ausgewandert. Es war 1965. Es kamen „Agenten" ins Dorf um Arbeitskräfte auszuwählen. Wer auswandern wollte, konnte sich anmelden. Mehrere Busse mit Auswanderern sind aus unserer Region auf einmal losgefahren. Ganze Familien, so wie ich mit meinem Mann wie auch meine Schwester und ihr Mann sind auch in der gleichen Zeit ausgewandert. Wir waren eine kleine Kolonie unterwegs sozusagen. Wir dachten damals nicht an Rückkehr. Nicht für bald jedenfalls. Wir saßen nur auf unseren Plätzen und guckten in die neuen Landschaften. Nur allein der Fahrer wusste genau, wohin es geht. Im Bus auf der langen Fahrt waren wir fast alle miteinander bekannt. Ich hatte Gesellschaft."

Ohne Visum
„Im November kam ich nach Wiesbaden. Dann habe ich die Leute aufgesucht, die ich kannte, die haben mir enorm geholfen. (…) Der eine war Mechaniker bei der Lufthansa und der andere hatte ein Geschäft. Ich konnte bei ihnen wohnen, nach

„Gastarbeiterin" in der Werkskantine

2 Wochen ging ich zu der Tante Frieda. Sie hatte ihren Mann und die 2 Söhne in Russland verloren. Anfang 1960 kam auch meine Frau, sie war schwanger. Damals war ich ohne Visum und so. Es war eine Odyssee. Ich bin zur Polizei. Die fragten mich, wovon wollen sie leben, gehen sie zum Arbeitsamt. Die vom Arbeitsamt sagten, dass sie mir keine Arbeitserlaubnis geben, nur wenn die Aufenthaltserlaubnis vorhanden ist! Dann kam ein netter Deutscher: Du kannst Englisch? Versuche es bei den Amerikanern! Damals hatten die Amerikaner die Hoheit, die konnten machen, was sie wollen. Wenn sie jemanden einstellen wollten, konnten die Deutschen nicht Nein sagen." (Dolmetscher Alexandros Karansidis)

Die Ursachen der Arbeitsmigration waren zwar vorrangig ökonomisch begründet, gleichzeitig aber auch das Ergebnis „sozialer Vergleichssituationen"[18]. Über Verwandte oder Freunde aus der griechischen Herkunftsregion informierte man sich über die künftige Zielregion, man folgte diesen und auch den Nachbarn aus dem Dorf oder fuhr einfach als „Tourist" in das neue, unbekannte Land.

„Ich wusste gar nicht, wo Deutschland liegt, als mein Vater mich nach Wiesbaden nachholte. Ich hatte einige Jahre Schule hinter mir, bis meine Mutter zu mir sagte, folge deinem Vater. So reiste ich ohne Aufenthaltsgenehmigung nach Wiesbaden." (Niko Nikolaidis, der seinem Vater als 13jähriger folgte und alleine die 78-stündige Zugreise nach Deutschland antrat).

23

Arbeitstransfer und Arbeitsmigration – Arbeiten in der Diaspora

Bis zum allgemeinen Anwerbestopp im Jahr 1973 wurden über die Deutsche Kommission in Griechenland 382.000 Arbeitsverhältnisse vermittelt; Höhepunkt war das Jahr 1970 mit 50.000 vermittelten Stellen. Hinzu kamen 60.000 Menschen, die sich die notwendigen Papiere über Botschaft und Konsulate besorgten sowie eine hohe Dunkelziffer von Illegalen, die sich auf gut Glück auf die Reise machten.

Schätzungsweise eine Million Menschen und damit fast jeder zehnte Grieche traten im Laufe der Anwerbezeit die Reise in ein Land an, das sie bis dahin nicht kannten. Zu ihnen gehörte auch Costas Alexandridis, der sich gemeinsam mit seinen Freunden getarnt als Tourist auf den langen Weg nach Deutschland machte: *„Wir hatten ein wenig Geld dabei. Wenn sie uns kontrolliert hätten, wäre das unser Urlaubsgeld gewesen. Ein Freund hatte noch deutsche Zeitungen zur Tarnung besorgt. Wir konnten zwar kein Wort Deutsch lesen, aber wir taten so, als würden wir Deutsch für den Urlaub lernen.“*

Die Gastarbeiter*innen mussten jung, gesund, robust und flexibel einsetzbar sein

Der benötigte Arbeitskräftebedarf wurde dem griechischen Arbeitsministerium mitgeteilt, diese Anfrage leitete man dann wiederum an die einzelnen Arbeitsämter der Provinzen weiter, die eine Registrierung und einen Pool arbeitsinteressierter Personen vorhielten. Sobald der konkrete Bedarf bei den regionalen griechischen Stellen bekannt war, wurde eine Weiterleitung der Personaldaten und eine Vorstellung der interessierten Personen, die in Deutschland arbeiten wollten, bei den Deutschen Kommissionen in Athen oder Saloniki, veranlasst. Hier erfolgte nicht nur ein aufwändiger Gesundheitscheck, sondern auch eine berufliche Auswahluntersuchung. Aufgrund der großen Nachfrage nach Arbeitskräften, wurde von Seiten des griechischen Arbeitsministeriums eine „Fliegende Vermittlungsstelle" in den „Notstandsgebieten" (den Gebieten mit hoher Arbeitslosigkeit) und in den Ballungszentren eingerichtet.

Die Hauptstelle der Vermittlungsstelle der Bundesanstalt für Arbeit für Griechenland befand sich in Athen im Jahr 1961, denen folgten weitere Dependancen unter anderem auch in Thessaloniki (siehe auch Kapitel *„Germaniken Epotropin en Elladi - Die Deutsche Kommission"*). Die Auswahl von geeigneten Arbeitskräften konnte so vor Ort durchgeführt werden.

Gastarbeit ist (auch) weiblich

Das Gros der griechischen Arbeitsuchenden waren nach Mitteilung der Bundesanstalt für Arbeit ungelernte Kräfte, die rasch als Hilfskräfte oder anlernfähige Kräfte vermittelt werden konnten. Da das Interesse auch der griechischen Frauen an einer Arbeitsaufnahme in Deutschland wuchs, separierte man die Vermittlungsstellen nach Männern und Frauen. Die Auftragseingänge von Seiten der deutschen Arbeitgeber, besonders nach weiblichen griechischen Arbeitskräften, die als „geschickt", „robust" und somit flexibel „einsetzbar" galten, waren „übermäßig hoch".[19] Wegen hoher Vermittlungszahlen für griechische Frauen im Jahr 1961 mussten aufgrund der hohen Nachfrage längere Abwicklungszeiten in Kauf genommen werden. Die Vermittlungsergebnisse stiegen in den Folgejahren besonders auch bei den griechischen Arbeitsmigrantinnen signifikant an. Allein für das Jahr 1963 konstatierte die Bundesanstalt für Arbeit in ihrem Jahresbericht

Arbeiten mit Warnhinweis-Schildern in den Sprachen der Anwerbeländer

eine Steigerung der weiblichen Vermittlungsquote im Vergleich zum Vorjahr von 16,3 %
auf 20,4 %.

Dennoch war das Angebot besonders an männlichen Arbeitskräften in den Anfangsjahren
der griechischen Arbeitsmigration höher als die bundesdeutsche Nachfrage.

Durch eine gezielte Steuerung, systematische Aufklärung der deutschen Unternehmen
und koordinierte Zusammenarbeit mit dem griechischen Arbeitsministerium konnten
illegale Vermittlungen von Arbeitskräften nach Deutschland eingedämmt werden.

Gezielte Auswahluntersuchungen

Jeder ausländische Arbeitnehmer, der über deutsche Dienststellen der Bundesanstalt für
Arbeit vermittelt wurde, musste sich ärztlichen Auswahluntersuchungen durch deutsche
medizinische Fachkräfte unterziehen. Ziel war: die Feststellung der gesundheitlichen
Eignung für die künftige auszuübende Tätigkeit in Deutschland.

Willkommen waren junge Personen, die arbeitswillig waren und nach eingehenden ärztlichen Untersuchungen der Deutschen Kommissionen bei der „Deutschen Verbindungsstelle der Bundesanstalt für Arbeit" als *„kräftig und gesund"* eingeschätzt wurden. Die allgemeinen Auswahluntersuchungen wurden in den Anfangsjahren in Athen und Saloniki in eigenen Untersuchungsstellen der Bundesanstalt für Arbeit durchgeführt; die Spezialuntersuchungen (wie Röntgen und Labor) erfolgten im Auftrage der Deutschen Kommission in Privatinstitutionen.

Laut der Bundesanstalt für Arbeit gab es allein im Jahr 1961 insgesamt 168.015 Untersuchungen für die künftigen Gastarbeiter*innen aus Italien, Spanien, Griechenland und der Türkei, davon allein 35.399 seit 1960 für Griechenland. Im Jahr 1961 wurden 25.103 Untersuchungen in Griechenland gezählt mit einer Ablehnungsquote von 8,1%.[20]

Wer gesundheitlich eingeschränkt war, wurde von einer Vermittlung ausgeschlossen

Die Hauptablehnungsgründe waren unter anderem *„Einschränkungen und Schäden der Sinnesorgane, Störungen des Herz- und Kreislaufsystems, schwächlicher Allgemeinzustand einschließlich Bindegewebsschwäche, Störungen des Nervensystems und der Psyche".*[21] Chronisch Kranke, die eine ständige ärztliche Betreuung benötigten, hatten keine Chance auf eine Vermittlung. Bei Frauen bestand ein weiteres Ausschlusskriterium in bestehenden Schwangerschaften. Die Hürden der Arbeitsaufnahme in Deutschland waren hoch: wer chronische Krankheiten hatte oder schon älter war, hatte keine Chance auf einen Arbeitsplatz.

Zuwander*innen, die nicht über die Deutsche Kommission einreisten, mussten sich in Deutschland gemäß den Verordnungen und Vorgaben der Bundesländer direkt nach ihrer Ankunft über die regionalen Gesundheitsämter oder durch andere „ermächtigte Stellen" wie niedergelassene Ärztinnen und Ärzte medizinisch untersuchen lassen[22], bevor sie eine Aufenthaltserlaubnis erhielten.

Die griechische Arbeitsmigration war geprägt von ethnischem Zusammenhalt und „Kettenwanderung"

Die ökonomischen Unterschiede zwischen Herkunfts- und Aufnahmeland waren im ersten Jahrzehnt der Arbeitsmigration sehr groß. Die meisten griechischen Ausreisewilligen stammten aus den nordgriechischen Agrarregionen; sie lebten hauptsächlich vom Tabakanbau, bis die griechische Landbevölkerung Ende der 1950er Jahre schwer von der Tabakkrise[23] getroffen wurde. Die nördlichen Gebiete um Makedonien und Thrakien hatten besonders unter Krieg und Bürgerkrieg gelitten und waren auch Regionen, die die meisten Flüchtlinge aus der Türkei aufgenommen hatten. Da Nordgriechenland in dieser Zeit zu den ärmsten Gegenden gehörte, gab es viele Binnenwanderer, die auf der Suche nach Arbeit in die Großstädte gingen.

Nach Ansicht des ehemaligen „Gastarbeiters" und späteren griechischen Wissenschaftlers Dr. Grigorios Panagiotidis wurde von Seiten der griechischen Regierung ein gezieltes Steuern und Lenken in der Vermittlungspraxis festgestellt, wo seiner Meinung nach auch „Schikanen", Zermürbungstaktiken und Ablehnungen dazu gehörten: *„Anderen wurde die Legitimationskarte einfach verwehrt. Zu den gängigsten Schikanen gehörte, dass die*

Einsatz von „Gastarbeitern" in der Zementfabrik Dyckerhoff, Amöneburg

Bediensteten entweder immer mehr Bescheinigungen und Zeugnisse verlangten oder einfach die Fälle unbearbeitet ließen. Diese Schikanen wiederholten sich in den Büros des Außenministeriums, das für die Ausstellung von Reisepässen zuständig war. Einige mussten tagelang vor diesen Stellen warten und gaben schließlich entnervt und verbittert auf ".[24] So schildert er die Machtstellung der griechischen Stellen: *„Der Beitrag der griechischen Seite zum Vermittlungsverfahren bestand darin, dass nur vom griechischen Arbeitsministerium vorgeschlagene Arbeitskräfte in die Bundesrepublik vermittelt werden konnten. Auf diese Weise hatte die griechische Regierung die Möglichkeit, die Abwanderung griechischer Arbeitskräfte zu lenken. Davon machte sie mehrfach Gebrauch.* "[25]

Beginn der griechischen Arbeitsmigration im 20. Jahrhundert
Die aus Griechenland vermittelten Arbeitskräfte für das Jahr 1961 stammten schwerpunktmäßig aus Nordgriechenland und aus folgenden Bezirken [26]

Nordgriechenland	9.141	43,2
Mittelgriechenland	1.749	8,3
Epiros (Westgriechenland)	2.858	13,5
Attika (einschl. Athen/Priräus)	4.110	19,4
Peloponnes	1.579	7,5
Kreta, Ionische Inseln u. Dodekanes	1.544	7,3
Ägäische Inseln	141	0,7
Saronische Inseln	27	0,1
Gesamt:	21.149	100 %

(Nord-) Griechische Arbeitsmigration
Die Statistiken der Bundesanstalt für Arbeit aus dem Jahr 1961, die in ihren „Erfahrungs- oder Jahresberichten" die europäischen Zuwanderzahlen erhoben hatten, belegen, dass im Jahr 1961 von den insgesamt 21.149 vermittelten griechischen Arbeitnehmer*innen in die Bundesrepublik 9.141 (43,2 %) aus Nordgriechenland kamen. Dieser Trend nahm bis zum Anwerbestopp im Jahr 1973 zu – schon ein Jahr später stieg die Zahl der Nordgriech*innen (von insgesamt 31.935) mit 16.624 auf 52,1 % an. Auch im Jahr 1968 wird diese Form der Zuwanderung von Seiten der deutschen Arbeitsbehörde in dem Jahresbericht von 1968 bestätigt: „Die Anwerbung griechischer Arbeitnehmer konzentrierte sich auch im Jahre 1968 auf Nordgriechenland."

Wanderungsprozesse - Kontinuitäten der Wanderung
Insofern kann hier festgehalten werden, dass die erste Zuwanderung griechischer Arbeitskräfte in die Bundesrepublik auch aus Bewohnern ehemaliger (in Nordgriechenland zugewanderter Flüchtlinge) und deren Nachkommen bestand. Sie machten etwa die Hälfte der griechischen Arbeitsmigrant*innen aus.
Auffällig ist, dass in dieser Bevölkerungsgruppe eine anhaltende Wanderbereitschaft festzustellen ist, die bereits von Seiten ihrer Eltern erfolgte, denn sie wanderten als Flüchtlinge über Kleinasien nach Griechenland. Eine Wanderkontinuität erfolgte dann von Seiten der Kinder, die als sogenannte Gastarbeiter*innen in die Bundesrepublik migrierten. Es erfolgten sowohl Einzel- und Individualwanderungen, aber auch Kettenwanderungen ganzer Familien und Dörfer.

On the crate:

NR 11

FL/KOLDING
2602

PT300
BREI 220MM
LÄNGE 2000M

STOW AWAY FROM BOILERS.

Auslieferungslager Kalle AG, 1963

Die eingeschränkten und prekären Arbeits- und Lebensbedingungen der Bevölkerung führten dazu, dass stellenweise über 80 % der Auswanderer aus den Regionen der Nordprovinzen kamen, was sich wiederum auf die Wirtschaft vor Ort negativ auswirkte – die Arbeitskräfte, die nach Deutschland transferiert wurden, fehlten im eigenen Land.

„Viele Familien sind zerstört"
Es war keine Seltenheit, dass griechische Zuwander*innen in deutschen Städten aus derselben Gegend stammten. Es gab Dörfer in Griechenland, die so die Hälfte ihrer Bevölkerung einbüßten. Zurück blieb nur, wer zu alt und krank oder zu jung war, um in der Fremde zu arbeiten.

Die griechische Zeitung To Vima verglich im Jahr 1964 die Folgen der Abwanderung wie ein Massenexodus mit den schlimmsten Übeln eines Krieges: *„Ganze Dörfer sind verödet, Anbauflächen liegen brach, Quellen des Reichtums bleiben ungenutzt."* Noch im Jahr 1971 äußerte sich der Bürgermeister Savas Deligiannidis in einer Reportage des Nachrichtenmagazins „Der Spiegel" besorgt über die gesamtgesellschaftlichen Folgen aufgrund der Auswanderungen seiner Landsleute: *„Viele Familien sind zerstört und Dörfer wie die Familien sind verwaist."*[27]

Nach Informationen des Jahresberichtes 1961 der Bundesanstalt für Arbeit[28] sollten die Anwerbung und Vermittlung von ausländischen Arbeitskräften **nur aufgrund konkreter Aufträge und Anforderungen von Seiten der deutschen Wirtschaft erfolgen** unter Berücksichtigung der Bedarfe und der Anwerbemöglichkeiten der einzelnen Länder vor Ort und ihren jeweiligen **Anwerbekapazitäten.** Betont wurde noch Anfang der 1960er Jahre, dass es nicht dazu kommen dürfe, dass flächendeckende Arbeitskontingente der Entsenderegionen zur Verfügung gestellt werden und ganze Landstriche vor Ort „ausdünnen". Ein Jahrzehnt später wurden diese Prognosen zur Realität – aufgrund der jahrelangen starken Abwanderungen traten in bestimmten Regionen der Entsendeländer personelle Verknappungserscheinungen auf dem griechischen Arbeitsmarkt auf.

Griechische Wirtschafts- und Unternehmensvertreter, aber auch Mitarbeiter*innen deutscher Arbeitsbehörden äußerten Anfang der 1970er Jahre ihre Befürchtungen, dass eine weitere Abwanderung von Arbeitskräften aus Griechenland erhebliche negative Folgen für das Wirtschaftswachstum im Herkunftsland haben könnte. Dies führte dazu, dass ab Frühjahr 1972 die griechische Partnerverwaltung in ihren Anwerbebüros nur noch eine geringe Anzahl von Arbeitskräften für die spätere namentliche und nichtnamentliche Auslandsvermittlung zur Verfügung stellte.

Ab Herbst 1972 wurden der Deutschen Kommission in Griechenland nur noch (nichtnamentliche) Bewerber aus Nordgriechenland zur Verfügung gestellt. Viele Vermittlungsaufträge konnten nicht mehr realisiert werden oder *„Es kam zu Umleitungen in andere Anwerbeländer, vorwiegend in die Türkei oder nach Portugal. Wenn trotz der veränderten Anwerbesituation viele namhafte deutsche Betriebe auch weiterhin Arbeitskräfte aus Griechenland vermittelt haben wollten, dann vor allem deswegen, weil Betriebs- und Arbeitsorganisation seit vielen Jahren stark auf die Beschäftigung griechischer Arbeitnehmer abgestellt sind."*[29]

Die Gastarbeit – ökonomischer Vorteil für Aufnahme- und Entsendeland

Im Jahr 1973 betrugen die Heimatüberweisungen der ausländischen Arbeitnehmer*innen 8,5 Milliarden DM

Durch die hohen Geldströme der Migrant*innen nach Griechenland, unter anderem als Investitionen für Haus- und Landerwerb sowie für Konsumgüter verwendet und eingesetzt, wurde zugleich die griechische Wirtschaft gefördert. Das Entsendeland profitierte durch die finanzstarken Devisen, die über Jahre nach Griechenland transferiert wurden.

Da sich nun ehemals arbeitslose oder unterbeschäftigte Arbeitskräfte im Ausland befanden, wurde das Sozialsystem geschont – dies führte zu einer ökonomischen Entlastung des Abgabelandes, wobei die beträchtlichen Deviseneinnahmen aus den Geldtransfers der im Ausland Beschäftigten auch dazu beitrugen.

Nach Schätzungen der Deutschen Bundesbank[30] überwiesen ausländische Arbeitnehmer*innen im Jahr 1972 **7,5 Milliarden DM** und 1973 **8,5 Milliarden DM** ins Ausland oder nahmen das Geld in bar bei Heimatbesuchen mit. Auch Rückkehrer leisteten aufgrund ihrer verbesserten beruflichen Qualifikationen einen größeren Beitrag zum wirtschaftlichen Aufbau ihres Landes als dies ohne Auslandsaufenthalt und Gastarbeit möglich gewesen wäre.

© Stadtarchiv Wiesbaden

Umzug in ein neues Wohnheim

© Stadtarchiv Wiesbaden

Gesellschaftliche und ökonomische Unterschiede blieben dennoch über Jahrzehnte zwischen den Herkunfts- und den Zielregionen, aber auch zwischen griechischen Ballungszentren und den ländlichen Peripherieräumen bestehen, da die Gelder nicht in eine Regionalentwicklungspolitik und nicht vorrangig auf eine Strukturverbesserung ausgerichtet waren, wie etwa auch ein sinnvoller gesamtgesellschaftlicher und volkswirtschaftlicher Einsatz der erworbenen Qualifikationen und Fähigkeiten der Remigrant*innen.[31]

Das angestrebte **Rotationsprinzip** sollte dafür sorgen, dass nur für eine bestimmte Dauer ausländische Arbeitskräfte als Konjunkturpuffer eingesetzt wurden. Allerdings sah die Umsetzung anders aus: die Arbeiter*innen, die kamen, blieben länger oder verblieben ganz in Deutschland. Im Jahr 1976 wurden schon laut Statistischem Bundesamt über 353.700 Griechinnen und Griechen in Deutschland gezählt.

Die ersten Gastarbeiter*innen kommen und bleiben
Im Jahr 1978 hatten sich schon über 104.000 (36,1%) Griechischstämmige mindestens 10 Jahre im Bundesgebiet niedergelassen, von den 985.000 „Ausländer*innen" gesamt allerdings nur 26,3%.[32]

Das Interesse an einer Arbeitsaufnahme in Deutschland war besonders unter den Griechinnen und Griechen in den 1960er Jahren sehr groß. Schon zu Beginn der Anwerbephase betrug die maximale wöchentliche Vermittlungsleistung für griechische Anwerber*innen über 700 Personen (in Spanien zählten die Anwerbebüros wöchentlich 750 und in der Türkei 250 Arbeitswillige).

Schwierige formale Hürden – Die Arbeits- und Aufenthaltserlaubnisse
Die Einreise-, Bleibe- und Aufenthaltsbedingungen waren nicht einfach: um einreisen und vorerst befristet arbeiten zu dürfen, benötigten die Arbeitsmigrant*innen (einige kamen „unaufgefordert" mit einem dreimonatigen Visum) eine **gültige Aufenthaltserlaubnis**, die sich bis 1965 auch für griechische Staatsangehörige nach der deutschen Ausländerpolizeiverordnung richtete. Die Ausländerpolizei war der Vorläufer der heutigen kommunalen Ausländerbehörden, damals auch zur Überwachung von Ausländer*innen und Staatenlosen in Deutschland eingesetzt.[33] Mit erfolgreichem Gesundheitszertifikat und Arbeitsvertrag wurde die wichtige Legitimationskarte ausgehändigt, die eine befristete Aufenthalts- und Arbeitserlaubnis beinhaltete und den Weg nach Deutschland eröffnete.

Arbeitserlaubnisse erteilte die Bundesanstalt für Arbeit erst, wenn gültige Aufenthaltserlaubnisse vorgelegt wurden

Erst ab den 1970er Jahren erhielten die griechischen Arbeitsmigrant*innen (im Gegensatz zu den anderen Südeuropäern, die schon der EWG angehörten[34]) eine auf fünf Jahre befristete Aufenthaltserlaubnis, Voraussetzung: sie mussten fünf Jahre ununterbrochen in der Bundesrepublik gearbeitet haben.

Die nächste Stufe war die **„unbefristete Aufenthaltsberechtigung"**, die nach einer „rechtmäßigen Aufenthaltsdauer von acht Jahren" erteilt wurde und die auch nicht mehr auf die bestimmte Ausübung einer Tätigkeit beschränkt war.

Diese wurde ab 1978 immer häufiger erstellt und sie war zudem unabhängig von der bundesdeutschen Arbeitsmarktlage.

Arbeiten in der Großküche, 1963

Endlich „angekommen"

Schon im Jahr 1973 verfügten die meisten griechischen Arbeitskräfte über eine unbefristete Aufenthalts- und Arbeitserlaubnis – die Gastarbeiter*innen von einst waren nun nach ihrem befristeten Gaststatus endlich auch formal als „ausländische Arbeitnehmerinnen und Arbeitnehmer" in der Bundesrepublik angekommen.

Geschichte der (neu-) griechischen Migration

Für die griechische Nation ist Emigration und Migration kein neues Phänomen – neben Formen griechischer Migration von der Antike bis zur Neuzeit lassen sich mehrere Phasen neu-griechischer (Aus-) Wanderungen, Flucht und Migration festmachen[35] – die Wanderung und die Aufnahme von Migrant*innen sind historisch bekannte Ereignisse.

Die erste griechische Diaspora entstand ab Ende des 14. Jahrhunderts und erstreckte sich bis zur Entstehung des griechischen Staates 1830. In diesen über 500 Jahren ereigneten sich fast alle Formen der Migration, die soziale, ökonomische, religiöse und kriegsbedingte Ursachen hatten.

Die erste Phase der neu–griechischen Diaspora begann mit der Entstehung des griechischen Staates 1830 - 1900 mit dem Hauptemigrationsziel nach Osteuropa und Ägypten. Nach den vorangegangen Auswanderungen im 18. und 19. Jahrhundert entstanden griechische nationale Enklaven in Frankreich, Großbritannien, Italien, Österreich-Ungarn, dem nördlichen Balkan und Indien.[36] Weitere Phasen folgten ab 1900 unter anderem mit einer großen Emigrationswelle um die Jahrhundertwende mit dem Ziel der Vereinigten Staaten von Amerika, eine weitere Phase verlief von 1921 bis 1946, die von Weltwirtschaftskrise und dem Zweiten Weltkrieg geprägt war, dem folgten noch kleinere Phasen bis hin zur letzten Phase der „Neuzeit-Emigration", die ab den 1955er Jahren begann und bis heute andauert.

Die Bundesrepublik wird zum Hauptzielland der Arbeitsmigration

Die Neuzeit-Emigration erlebte in den 1970er Jahren mit damals gezählten 408.000[37] im Jahr 1973 emigrierten Griechen in Deutschland ihren Auswanderungshöhepunkt. Im Zuge der Arbeitsmigration veränderte sich aufgrund der Anwerbeabkommen das Migrationsziel. Viele Menschen – bevorzugt aus den Mittelmeerländern – suchten anfangs nur „vorübergehend" Arbeit und finanzielle Absicherung in den Ländern Westeuropas, besonders in Deutschland. So wurde ab 1960 die Bundesrepublik zum Hauptzielland der Arbeitsmigration. In Spitzenzeiten betrug der Anteil der griechischen Emigrant*innen bis zu 70 %[38]. Im Zeitraum von 1960-1977 machte der Durchschnitt 51,7 % aus - das hieß: fast jede zweite auswanderinteressierte griechische Person hatte Deutschland zum Ziel.

Große Wanderbewegungen nach Deutschland wurden besonders in den Nordregionen Griechenlands (Epirus, Thessalien, Thrakien) und Mazedonien verzeichnet, hier lag der Anteil in dieser Zeit bei fast 80 % und von Mazedonien allein bei rund 47 %[39]. Im Unterschied zu den vorangegangenen Migrations-Prozessen entwickelte sich ab den 70er Jahren des 20. Jahrhunderts eine neue Form des „ausgewanderten Griechentums" in Form ausgeprägter Re-Emigrationen[40] nach Griechenland.

Aufgrund der Wanderbewegungen konnte die Herkunftsregion variieren – auch die Ankunftsregion in Deutschland entsprach nicht unbedingt dem ursprünglichen Zielort der geplanten Arbeitsmigrations-Wanderung.

> *„Ich landete erst einmal in Bremen. Von dort ging es nach Delmenhorst zur Nordwolle. Eigentlich wollte ich in das Rhein-Main-Gebiet. Erst Monate später kam ich nach Wiesbaden. Dort kannte ich Landsleute." (Atheni Nikolaidis)*

4. Geschichte(n) der Arbeitsmigration – griechische Migration in Wiesbaden

„Man hat Arbeitskräfte gerufen und es kamen Menschen" (Max Frisch)

Geschichten vor Ort am Beispiel der ehemaligen Kalle AG (Werk Kalle-Albert der Hoechst AG) in den Jahren von 1960 – 1973 und am Beispiel der Glyco (heute Federal Mogul)

Wiesbaden als bedeutender Wirtschaftsstandort schon im 19. Jahrhundert

Im 19. Jahrhundert entwickelte sich Wiesbaden-Biebrich neben Höchst am Main zu einer bedeutenden Industrieregion im Rhein-Main-Gebiet.

Mitte des 19. Jahrhunderts siedelten sich entlang des Rheins, der sogenannten „Rhein-schiene", vor allem in Biebrich, Amöneburg und Schierstein zahlreiche Unternehmen an. Es bestanden verkehrsgünstige Bedingungen mit guten Anschlüssen an die Eisenbahn und an das Wassernetz mit dem Biebricher Rheinhafen und dem Recht auf Umschlag, Waren-freilager mit Zollhaus, Kaimauer und Landungsbrücken.[41] Einige bekannte Beispiele: Im Jahr 1858 gründete Heinrich Albert in Biebrich eine Fabrik zur Herstellung künstlichen Düngers, aus der dann die „Chemischen Werke Albert" hervorgingen. Dr. Wilhelm Kalle folgte 1863 mit der „Chemischen Fabrik Kalle & Co". 1864 siedelten sich die Portland-Ze-mentfabrik Dyckerhoff & Söhne sowie die Zementwarenfabrik Dyckerhoff & Widman an und 1909 wurde Biebrich zum Firmensitz der Sektfabrik Henkell & Co.

> **Hessen - ein Bundesland mit großer Anziehungskraft auf ausländische Arbeitskräfte im 20. Jahrhundert**
> Deutschland entwickelte sich in Zeiten der Anwerbephase und bis heute zu einem wichtigen und zentralen Zielland für ausländische Arbeitskräfte.[42] Das Bundesland Hessen besaß neben Nordrhein-Westfalen und Baden-Württemberg eine große An-ziehungskraft auf „ausländische Arbeitnehmer*innen".[43] Im Vergleich zu den anderen Bundesländern nahmen besonders die „Gastarbeiter" in Hessen eine überproportional hohe Quote ein. So stieg ihr Anteil (an den in Hessen wohnenden Ausländer*innen) von 50 % im Jahre 1961 auf rund 60 % im Jahr 1967.

Erste europäische Einwanderung im Rahmen des Anwerbeabkommens

Zwischen 1955 und 1973 kamen insgesamt 14 Millionen Menschen aus den Anwerbeländern nach Deutschland – knapp 11 Millionen kehrten im gleichen Zeitraum wieder zurück

Die Zuwanderung im Rahmen des Anwerbeabkommens ab 1955 erfolgte erst zögerlich, als dann aber 1973 die Millionen-Marke an ausländischen Arbeitskräften überschritten wurde, war dies beispiellos, ein Novum. Noch bis in die frühen 1960er Jahre gab es kaum Ausländer*innen in Deutschland.

Wegen des rasanten Wirtschaftswachstums nach dem Zweiten Weltkrieg, dem sogenann-ten „Wirtschaftswunder" wurden die innerdeutschen Arbeitskräfte knapp. Als durch den

Mauerbau im Jahr 1961 Deutschland in Ost und West geteilt wurde, und auch diese (ost-) deutschen Arbeitskräfte fehlten, schloss die Bundesrepublik 1955 das erste Anwerbeabkommen mit Italien ab.

Deutschland konkurrierte um diese Arbeitskräfte mit den anderen europäischen Nachbarländern wie Frankreich oder den Niederlanden. Es entwickelte sich ein regelrechter „Wettbewerb" um die künftigen Arbeitskräfte aus Südeuropa.
Im Jahr 1960 folgten Anwerbeverträge mit Griechenland und Spanien, 1961[44] mit der Türkei, Marokko (1963), Portugal (1964), Tunesien (1965) und Jugoslawien (1968).

Es kamen „arbeitswillige" männliche und weibliche Personen auf Zeit, im Alter zwischen 20 und 40 Jahren, ohne Familie, mit der festen Absicht, nach einigen Jahren mit dem erarbeiteten Wohlstand wieder nach Hause zurückzukehren. Die Menschen, die kamen, mussten jung, gesund und kräftig sein. Sie akzeptierten harte Arbeit in der Industrie, mit Akkord im Dreischichtbetrieb und mit Überstunden, lebten oft billig in Baracken, um in kurzer Zeit möglichst viel Geld zu verdienen.

In den Anfangsjahren der Arbeitsmigration stieg von 1961 bis 1966 die Gesamtzahl der ausländischen Mitarbeiter*innen auf 1,31 Millionen. Die Höchstzahl wurde im Jahr 1973 mit 2,6 Millionen erreicht. Von den fünf wichtigsten Entsendeländern stellten in dieser Zeit Italien und das ehemalige Jugoslawien die größten Kontingente, dem folgten Griechenland und Spanien, die Türkei lag im Jahr 1966 auf dem vorletzten Platz. Die meisten kehrten wieder nach Hause zurück, doch ein Teil blieb – bis heute. In den Jahren der (Gast-) Arbeitermigration wanderten zwischen 1955 und 1973 insgesamt 14 Millionen Menschen aus den Anwerbeländern auf der Suche nach Arbeit nach Deutschland ein und knapp 11 Millionen kehrten in diesem Zeitraum auch wieder in ihre Herkunftsländer zurück.

Arbeitsplätze gab es nicht nur in der Produktion, in der Schwerindustrie, sondern auch in der Leichtindustrie, wie in der Textil-, Nahrungs- und Elektroindustrie, wo insbesondere Frauen, gerne auch Griechinnen angeworben wurden. Aufgrund ihres handwerklichen Geschicks, ihres Fleißes und der freundlichen und „umgänglichen Art" (so der ehemalige Betriebsratsvorsitzende der Glyco-Werke, Hans-Michael Maus) waren sie gesuchte und willkommene Mitarbeiterinnen.

Die Tätigkeitsbereiche aller ausländischen Arbeitnehmer*innen laut der Bundesanstalt für Arbeit in ihrem Jahresbericht von 1963 verteilten sich auf folgende Wirtschaftszweige: Eisen- und Metallerzeugung und -verarbeitung (30 %) - Baugewerbe (24 %) und Verarbeitendes Gewerbe (23,5 %). Den größten Zuwachs gab es auch in den Folgejahren im Verarbeitenden Gewerbe sowie in der Eisen- und Metallerzeugung.[45]

Eine der größten Industriegruppen in Hessen stellte die Chemische Industrie in Zeiten der Anwerbephase dar. Noch bevor Betriebe dazu übergingen, ausländische Arbeitskräfte zu beschäftigen, wurden erst innerbetriebliche Alternativen wie veränderte Arbeitszeitmodelle erprobt. Noch bevor man Maßnahmen zur Beschäftigung ausländischer Mitarbeiter*innen realisierte, versuchten die Unternehmen in Zeiten des Wirtschaftswachstums und der Hochkonjunktur zunächst Alternativen wie beispielsweise das bundesweite innerdeutsche Anwerben.

„Willkommen bei Kalle", 1960er Jahre

Gastarbeiter*innen werden unerlässlich im bundesdeutschen Beschäftigungssystem

Als man mit den inländischen Arbeitskräften den wachsenden Personalbedarf nicht mehr decken konnte, ging man ab 1960 bundesweit dazu über, Personal aus dem Ausland in die industriellen Zentren anzuwerben und als integralen Bestandteil der betrieblichen Personalpolitik zu sehen.

Die Chemische Industrie als größte Industriegruppe auch im Rahmen der Ausländerbeschäftigung

Ab 1960 wurden Migrant*innen einerseits als „**Konjunkturpuffer**" besonders in den Leichtlohngruppen und andererseits auf der Basis des „**Arbeitserlaubnisrechts**" (es gab keine Auflagen bezüglich Karenzzeiten und maximalen Beschäftigungszeiten) auch längerfristig eingesetzt. Für die Ausländerbeschäftigung bedeutete dies, dass in den Anfangsjahren die meisten als „ungelernte Hilfskräfte" angeworben und am Beispiel Wiesbaden besonders in der Chemischen Industrie ihren Arbeitsplatz aufnahmen.[46]

So machten sowohl bei den Aufträgen als auch bei den Vermittlungen die Hilfsarbeiter den größten Anteil aus. Bei den über die Deutschen Kommissionen angeworbenen ausländischen Arbeitskräften überwogen bis 1959 die Saisonkräfte, während ab 1960 die Dauerarbeitskräfte den Hauptanteil stellten.

Gastarbeiter*innen wurden zum integralen Bestandteil der betrieblichen Personalpolitik und konstituierten das bundesdeutsche Beschäftigungssystem.

Der Anteil der zugewanderten griechischen Arbeitsmigranten in Deutschland machte etwa die Hälfte der südeuropäischen Zuwanderer aus – im Gegensatz zu den meisten anderen Entsendeländern.

Das Gros der ausländischen Arbeitskräfte wurde ab den 1960er Jahren als un- oder angelernte Produktionsmitarbeiter*innen beschäftigt. Bis in die 1970er Jahre waren die Aufstiegsmöglichkeiten sehr beschränkt. Obwohl junge Migrant*innen Ausbildungen vor Ort absolvieren konnten, war es ihnen erschwert, Tätigkeiten auch über den Vorarbeiter hinaus zu erlangen.

Der Zustrom von Arbeitskräften aus dem Ausland trug maßgeblich dazu bei, dass in Zeiten des Wirtschaftswachstums wesentliche Industrialisierungsprozesse mit ihrer Unterstützung umgesetzt werden konnten – die neuen Arbeitskräfte waren ein wichtiger Baustein in der Arbeitspolitik und der aufstrebenden Wirtschaft der 1960er Jahre.[47]

„3-D-Jobs" für die neuen Arbeitskräfte aus dem Ausland

Sie ertrugen 3-Schicht-Systeme, Überstunden, schwierige und oft auch gesundheitsbelastende Arbeitsbedingungen und erledigten so genannte „3-D-Jobs" (dirty, dangerous, demeaning[48]). Zusätzlich führten sie oft auch – das ergaben die Interviews – noch weitere Erwerbstätigkeiten am Wochenende aus oder halfen deutschen Kollegen beispielsweise beim Bau ihrer Häuser. Sie wohnten in den Anfangsjahren in vom Arbeitgeber zur Verfügung gestellten Arbeiterbaracken, sogenannten „Schwedenhäusern" und teilten sich mit anderen ausländischen Kollegen ein Zimmer. Erholung nach der langen Schichtarbeit fiel schwer, da aufgrund der Wechselschichten eine ständige Unruhe und Lärm in den Unterkünften herrschte.

Vor dem Einstellungsbüro

Der kontinuierliche und stetig steigende Einsatz von ausländischen Arbeitskräften und besonders auch von weiblichen Gastarbeiter*innen führte in einigen Abteilungen dazu, dass der Anteil der ausländischen Mitarbeiterinnen höher war als bei den männlichen Migranten. Besonders im ersten Jahrzehnt der Arbeitsmigration wurden auch von Seiten der Bundesregierung aus geschlechterpolitischen Gründen weibliche Arbeitskräfte favorisiert. Aufgrund von Familienzusammenführungen, Familiennachzügen und namentlichen Anwerbungen über Familien- oder Dorfmitglieder migrierten mehr und mehr griechische Frauen, die ihr eigenes Geld verdienen wollten oder mussten. Das traditionelle Frauenbild und die Geschlechterrollen veränderten sich aufgrund der favorisierten Erwerbstätigkeit. Die Griechin Alexiou wanderte noch vor ihrem Ehemann nach Wiesbaden aus und arbeitete vorerst für ein Jahr ohne ihre Familie bei Kalle, bevor der Ehemann und die Kinder nachzogen:

„Mein Mann verdiente so wenig in der Landwirtschaft und er konnte die Familie nicht mehr ernähren. Wir schlossen eine Wette ab – wenn er in einem Jahr mehr verdiente als ich in Wiesbaden – würde ich wieder zurückkehren. Mittlerweile leben wir in Deutschland über 50 Jahre."

So waren im September 1973 bei der Kalle AG insgesamt 581 griechische Arbeitskräfte tätig, davon 353 Männer und 228 Frauen: dies machte 35,1 % im Vergleich zu den anderen Nationalitäten aus.

Die **„Chemische Fabrik Kalle & Co"** wurde im Jahr 1863 in Biebrich als Kommanditgesellschaft von Dr. Wilhelm Kalle mit nur drei Arbeitern gegründet, entwickelte sich 1904 zu einer Aktiengesellschaft, im Jahr 1907 erfolgte eine Übernahme durch die Hoechster Farbwerke. Im Jahr 1925 schloss sie sich mit mittlerweile 2.128 Beschäftigten und mit anderen Chemieunternehmen der I.G. Farbenindustrie AG an.
Ab 1952 (nach der Aufteilung der I.G. Farben) entstand mit der Kalle AG bis 1972 wieder eine eigenständige Aktiengesellschaft. 1960 kamen die ersten ausländischen Gastarbeiter*innen im Zuge des deutschen Anwerbeverfahrens. Nach 1972, Kalle hatte nun fast 8.200 Mitarbeiter, fusionierte das Unternehmen mit der Hoechst AG. 1986 wurde das Werk Kalle in Hoechst AG, Werk Kalle umfirmiert und 1989 mit dem Werk Albert (zuvor: Chemische Werke Albert) zum Werk Kalle-Albert der Hoechst AG zusammengelegt. Seit 1997 wurde das Werk Kalle-Albert u. a. in Kalle Nalo Gmbh und 2004 in Shin-Etsu Tylose geteilt. Der Industriepark Kalle-Albert mit über 5.600 Beschäftigten[49] gehört mittlerweile zum Verbund der Betreibergesellschaft InfraServ Wiesbaden.[50]
Den Firmennamen „Kalle" trägt heute noch die Kalle GmbH (Gründung 1995 als Kalle Nalo GmbH), die heute noch einen Teil des Traditionsgeschäftes fortführt, wie industriell gefertigte Wursthüllen auf Viskose-, Polymer- und Textilbasis und die seit 1955 produzierten Schwammtüchern aus Cellulose und Baumwolle.[51]

Wichtige Produktionseckdaten:
1923 erstmalige Produktion von Diazo-Lichtpauspapieren für die Ozalidkopien,
1928 Beginn der Produktion von Kunstdärmen aus Cellophan, 1929 Herstellung der
ersten nahtlosen Wursthülle „Nalo" (nahtloser Cellulose-Schlauch für Lebensmittel),
1932 bedeutende Markteinführung des Ozaphan-Films für Film und Fernsehen,
ab 1939 erfolgte die Produktion von Kunststofffolien.

Arbeit in der Kantine

Die ersten Gastarbeiter*innen kommen nach Wiesbaden

Immerhin 18 Griechen und 185 Italiener[52] begegneten im Sommer des Jahres 1960 ihren ersten deutschen Kollegen am Arbeitsplatz im damaligen Werk der Kalle AG. Auch für die Deutschen war das Aufeinandertreffen mit den „Fremden" ungewohnt, ungewöhnlich - sie begegneten an ihrem Arbeitsplatz zum ersten Mal „Nicht-Deutschen", den ersten „Gastarbeitern". Die Zahl stieg in den Anwerbejahren kontinuierlich an, so arbeiteten

Ende 1965 schon 716 ausländische Mitarbeiter*innen aus Italien, Griechenland, Türkei und erstmals aus Portugal und Spanien.

„Viele deutsche Mitarbeiter waren froh, dass sie aus den Bedingungen vor Ort herauskamen. Ich will es mal mit Gänsefüßchen sagen: die am schlechtesten bewerteten Arbeitsplätze, von den Bedingungen her, kamen erst mal die Ausländer hin. Wenn sie länger beschäftigt waren, versuchten sie aber auch von den Arbeitsplätzen wegzukommen." (Volker Kraushaar, ehemaliger Betriebsratsvorsitzender des Werkes Kalle-Albert der Hoechst AG)

Germania-Reaktion „Ordnung, Planung, Organisation"

Ein früherer Ausländer-Referent der Kalle-AG bezeichnet das Aufeinandertreffen mit den Deutschen als eine Art Germania-Reaktion: *„Ordnung, Planung, Organisation, das jagte den Gastarbeitern ein Gefühl zwischen Bewunderung und Schrecken ein."*

Die Themen **Annäherung** und **Integration** beschäftigten auch die griechisch-orthodoxe Kirche. Das damalige Oberhaupt der griechisch-orthodoxen Kirche in Frankfurt, Dr. Timotheos Kontomerkos arbeitete im Jahr 1963 für 2,85 DM Stundenlohn bei den Chemischen Werken Kalle-Albert in Wiesbaden in der Produktion, um die Arbeitsplätze und Arbeitsbedingungen seiner Landsleute näher kennenzulernen. Sein Resümee: *„Am Arbeitsplatz gibt es nichts zu beanstanden."* Allerdings – so Kontomerkos – blieben Deutsche und „Gastarbeiter" einander fremd.

Deutschland war anfangs auch für einige Eingewanderte *„das Land der Unteroffiziere".*[53] Der frühere Metropolit der griechisch-orthodoxen Kirche, Irineos Galanakis[54], bis heute wegen seines sozialen Engagements geschätztes Kirchenoberhaupt, besuchte ein Jahrzehnt später, im Jahr 1973, das Wiesbadener Kalle-Werk, den damaligen Hauptarbeitgeber seiner Landsleute, um sich selber ein Bild der Arbeitsbedingungen vor Ort zu verschaffen.

Diese Treffen waren symbolträchtig, gaben den griechischen Landsleuten in der Fremde Halt, Vertrauen und Zuversicht, waren nicht nur Land und Leute fremd, sondern auch die Arbeitsabläufe in der Industrie: *„Die griechisch-orthodoxe Kirche gibt Halt für die Griechen – gestern und heute. Sie ist immer für alle da. Sie ist Herz und Zentrum für die Griechen",* so der Erzpriester Georgios Papassalouros der St. Georgios-Gemeinde von Wiesbaden-Biebrich.

Aus Gastarbeiter*innen werden „ausländische Mitarbeiter*innen"

Anfangs wurden die *„Nicht-Deutschen"* als Gastarbeiter*innen bezeichnet, da man davon ausging, dass sie zeitnah, spätestens nach ein bis zwei Jahren, wieder in ihre Herkunftsländer zurückkehrten. Als die Anzahl der ausländischen Mitarbeiter auch mit Nachzug der Familien und der zunehmenden Erwerbstätigkeit von ausländischen Frauen kontinuierlich anwuchs, wurde ab den 1970er Jahren nicht mehr von „Gastarbeiterinnen und Gastarbeitern", sondern konsequent von „Ausländerinnen und Ausländern mit nicht-deutscher Nationalität" gesprochen (nach Angaben der Personalstelle aus dem Jahr 1973 der damaligen Kalle AG). Es dauerte also mehr als ein Jahrzehnt, bis man sich konzerneinheitlich dazu entschied, den Begriff des „Gastarbeiters" nicht mehr zu verwenden. An seine Stelle trat die Bezeichnung **„Ausländer*in"** bzw. **„ausländische Mitarbeiter*innen",** damit waren „alle Mitarbeiter*innen nicht deutscher Nationalität" gemeint.[55]

Der Metropolit Irineos im Austausch mit Führungskräften der Kalle AG im Biebricher Werk 1973

„Gäste lässt man nicht arbeiten, sondern ausländische Mitarbeiter"

Hans-Michael Maus, der ehemalige Betriebsratsvorsitzende der Glyco-Metall-Werke (auch ein damaliger größerer Arbeitgeber für ausländische Arbeitnehmer*innen in Wiesbaden-Schierstein), war in den 1960er Jahren gewerkschaftlicher Jugendvertreter, ab 1973 Betriebsratsvorsitzender:

> *„**Gäste** lässt man nicht arbeiten, sondern **ausländische Mitarbeiter**. Darauf haben wir bei der IG Metall sprachlich Wert gelegt und haben das dann nach vielen Jahren im Sprachgebrauch auch umsetzen können. Deshalb sind ehemalige **Gastarbeiter** in den Betrieben nach wie vor **ausländische Mitarbeiter**."*

Der Begriff des „Gastarbeiters" entstand umgangssprachlich in den 1960er Jahren, auch aufgrund von fehlenden anderen Bezeichnungen, denn es wurde ein anderes Wort „erfunden" und kreiert, das sich gezielt abgrenzen sollte von den „Fremdarbeitern" im III. Reich, den ausländischen *„Wanderarbeitern"* im Kaiserreich und in der Weimarer Republik.[56]

Obwohl der Begriff des „Gastarbeiters" nie amtlich bestätigt wurde, hielt er sich in der Umgangssprache hartnäckig bis heute[57]. Die offizielle und einsetzende behördliche Sprachregelung lautete „Arbeitnehmer aus den Anwerbeländern" und „ausländische Arbeitnehmer".

Das erste „ausländische Stammpersonal" umfasste bei Kalle bis in die frühen 1970er Jahre folgende Nationalitäten: Italiener, Griechen, Spanier, Türken, Portugiesen und Jugoslawen.

Kalle-Mitarbeiter-Zeitung „Transparent" aus
dem Jahr 1971: Antonio, Petros, José

Farben Post Nr. 10/1969 (Mitarbeiter-
Zeitschrift, Farbwerke der Hoechst AG):
„Viele Nationen unterm Kalle-Dach"

Interessant war, so der ehemalige stellvertretende .Betriebsratsvorsitzende des Werkes Kalle-Albert der Hoechst AG, Nikolaus Papadakis, dass die ausländischen Mitarbeiter*innen
in der Zusammenarbeit von Seiten des Arbeitgebers als *pflegeleicht* galten:

> *„Sie waren fleißige Arbeitnehmer, die ihren Job gemacht haben und nicht auf-
> muckten. Sie kamen aus wirtschaftlichen Gründen, um dann in der Industrie oft in
> mehreren Schichten hintereinander viel Geld zu verdienen."*

*„Die Akzeptanz früher war sehr groß, als sie als Arbeitnehmer gebraucht wurden. Sie kamen
und waren komplett einsetzbar, nahmen keinem den Arbeitsplatz weg. Ganz im Gegenteil: sie
zahlten Steuern und haben in die Sozialkassen eingezahlt (...). Es gab eine große Akzeptanz
und keine Konflikte." (Volker Kraushaar)*

Die neuen Kräfte wurden bis 1973 zu fast 95 % in der technischen Produktion (einschließlich Repro-Gerätebau) und im Ingenieurwesen eingestellt: für die Bereiche „Alkylose" (TPA) mit Glutolinverpackung, Müllerei und Versand, Cellophan (TPC) und dem
„Wetterfest-Betrieb" und „Grundverarbeitung", Nalo, Folienverarbeitung mit „Rollen-
schneider", Folien mit Hostaphan-Verschnitt-Aufarbeitung, Repro mit Konfektionierung.
Von den „Gastarbeiterinnen" arbeiteten 72,5 % in der Produktion und
19,5 % im Bereich „Werksdienste" (vorwiegend Reinigung) und im Küchenbereich.

*„Dadurch, dass die ausländischen Kollegen in der Produktion und dort in Dreischicht-Syste-
men arbeiteten, hat man sie selten gesehen. Die erste Schicht fing morgens um 6 Uhr an*

Kalle-Mitarbeiter-Zeitung „Transparent" aus dem Jahr 1971

bis 14 Uhr; dann kam die nächste von 14 bis 22 Uhr und die Nachtschicht von 22 bis 6 Uhr morgens. Die Normalschicht fing morgens um 6.45 Uhr an, die Handwerker um 7 Uhr, die technischen Angestellten um 7.30 Uhr; dann die kaufmännischen Angestellten. Wir hatten in der Regel gegen 17 Uhr Schluss – insofern haben wir die ausländischen Kollegen kaum gesehen, weil die immer in der Produktion im Schichtdienst gearbeitet haben."

Wohnheime für die ausländischen Mitarbeiter in Werksnähe
Eindrücke aus dem Bereich „Wohnen"

Laut der Kalle-Mitarbeiter-Zeitung „Transparent" wohnten etwa 350 „ausländische Mitarbeiter" in drei sogenannten „Schwedenhäusern", dies waren einfache Holzbaracken, daneben gab es ein mehrstöckiges Wohnhaus in Mainz-Kastel. Aufgrund der hohen Nachfrage und der steigenden Zahl ausländischer Mitarbeiter wurden im Jahr 1971 weitere Neubauten geplant, so ein Neubau in der Nachbarschaft mit fast 200 Betten und 3-Zimmer-"Wohngruppen", die Raum für 8 Personen boten.

Die Unterkünfte lagen im Einzugsgebiet der Arbeitsstätte, die neuen Mitarbeiter*innen mussten keine großen Pendelzeiten in Anspruch nehmen. Auch das Haus in der Goßner-straße in Mainz-Kastel, dass der früheren Goßner-Mission gehörte, wurde aufgekauft und für 60-70 Unterkünfte umgebaut, daneben konnte es noch aufgrund der gegebenen Räumlichkeiten für Schulungs- und Ausbildungszwecke genutzt werden.

Die ersten Schritte in die deutsche Aufnahmegesellschaft blieben in den Anfangsjahren weitgehend den ersten Gastarbeiter*innen selbst überlassen, sie waren ja nur „Zuwanderer auf Zeit" und zu „Gast" als angeworbene „Gastarbeiter" in der Diaspora.

Schwedenhäuser als Wohnheime

Unterstützung gab es von Seiten der Kirchen, einen besonderen Stellenwert hat hier die griechisch-orthodoxe Kirche, der kirchlichen Organisationen wie Diakonie und Caritas, auch von Seiten der Arbeitnehmer*innen und freigestellten Dolmetschern, selber Griechen. Sie unterstützten ankommende Griech*innen im Betrieb und bei formalen Angelegenheiten auf den Ämtern, angeleitet von bereits mit den Lebensverhältnissen in Wiesbaden vertrauten Landsleuten. Unterstützende Selbsthilfestrukturen im Migrationsprozess spielten also eine große Rolle.

Im Jahr 1963 teilte die Bundesanstalt für Arbeit in ihrem Jahres- und Erfahrungsbericht mit: *„Die Einsicht, dass die Arbeitsleistung ausländischer Arbeitnehmer nicht allein von der jeweiligen Lohnhöhe abhängig ist, sondern entscheidend auch von dem Grad ihrer Anpassung an die betriebliche und außerbetriebliche Umwelt beeinflusst wird, hat sich inzwischen weitgehend durchgesetzt. Demzufolge sind auch im Berichtsjahr vielfache Bemühungen um die Betreuung der ausländischen Arbeitnehmer im betrieblichen und außerbetrieblichen Bereich unternommen worden.“*[58]

Die Erteilung eines Vermittlungsauftrages (und der Arbeitserlaubnis) war an eine „angemessene" Versorgung mit Unterkünften für die neuen ausländischen Arbeitskräfte gekoppelt.

Auch die Bundesanstalt für Arbeit äußerte sich 1963 in ihrem Erfahrungsbericht über die „Anwerbung, Vermittlung und Beschäftigung ausländischer Arbeitnehmer", dass es immer wieder zu Beanstandungen kam, da die Bleiben besonders in den Anfangsjahren aus Holzbaracken bestanden, in keinem guten baulichen Zustand und sehr notdürftig ausgestattet waren und die Arbeiter sehr beengt auf den Zimmern lebten. So lebten anfangs mehr als sieben Arbeiter in einem kleinen Raum, die Toiletten mussten sich die Hausbewohner teilen, Gemeinschaftsduschen waren auch nicht immer vorhanden.

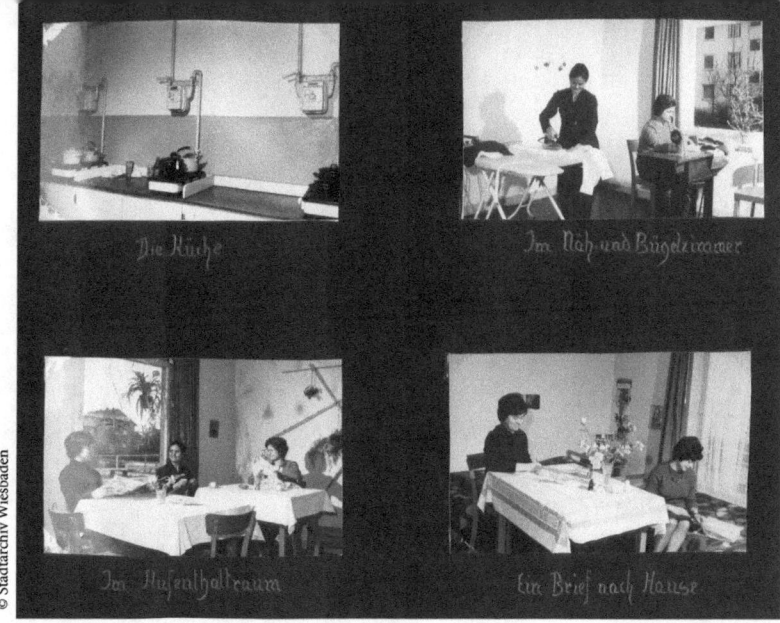

Die Küche — Im Näh- und Bügelzimmer — Im Aufenthaltraum — Ein Brief nach Hause

Wohnheime (innen)

Bis zu sieben Nationen in einer Unterkunft

Der Arbeitgeber **Kalle** beschrieb das Zusammenleben seiner „ausländischen Mitarbeiterinnen und Mitarbeiter" noch aus einer exotisch-folkloristischen Perspektive, ungeachtet der kulturellen Charakteristiken, die hier im Zusammenleben aufeinandertrafen, denn es mussten sich Menschen verschiedener Nationalitäten Wasch-, Sanitär- und Küchenräume teilen.

„Mitarbeiter aus sieben Nationen finden hier ein Zuhause, sodass sie sich unter Berücksichtigung nationaler Eigenarten wohlfühlen können. Außer Küchen und einer automatischen Kantine gibt es Hobby- und Clubräume sowie einen großen Saal für gemeinschaftliche Veranstaltungen, wie Folklore-Abende u. a."[59]

Interessant ist, dass sich in den Befragungen weder die ausländischen ehemaligen noch die deutschen Kollegen an diese Veranstaltungsräume erinnern können.
Mit wechselnden Schichtdiensten und dem Ankommen mit allen verbundenen Anforderungen blieb wenig Zeit für außerbetriebliche Veranstaltungen.[60]

> *„Wir hatten in Amöneburg in der Dyckerhoffstraße eine Werkswohnung in den 1960ern in den Baracken, für Spanier, Griechen und Portugiesen. Für diese Zeit war es dort ok zu wohnen, aber, wie soll ich sagen, ich sage nicht, es war asozial, es waren ja auch später Familien dort. Wir hatten die Küche gemeinsam, das Waschbecken gemeinsam, also, Waschbecken hier, Waschbecken dort, es sah aus wie bei der Bundeswehr in den Baracken. Eigene Toilette, mein Papa und ich in einem 2-Bett-Zimmer. Damals waren dort am Anfang nur Männer, mit einem Kind ging es nicht dort zu wohnen. Immer getrennt. Da war ein Saal mit 6-10 Männern. Gastarbeiter, aber nicht diese – wie soll ich sagen – dreckigen. Wir haben geguckt, dass wir schnell ausziehen. 9 Monate haben wir da gelebt, zusammen, dann wir sind umgezogen in eine 2-Zimmer-Wohnung in Wiesbaden. Nach fünf Jahren kam meine Mutter mit den*

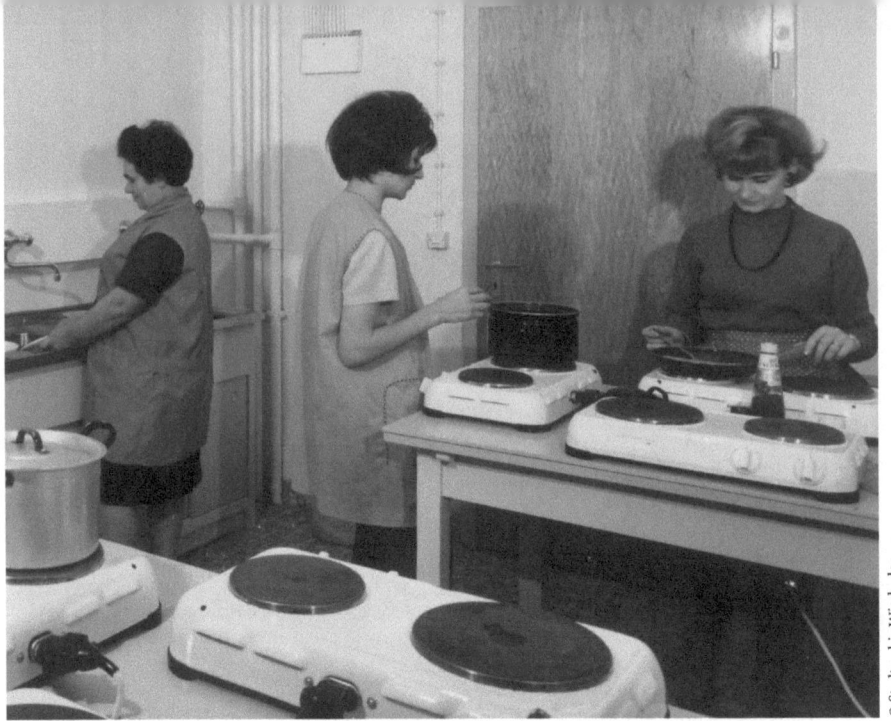

Wohnheime mit Küche

Geschwistern, dann mussten wir uns eine 4-Zimmer-Wohnung suchen. Wurde unterstützt von Albert-Kalle. Die Häuser waren von der Firma, so wie Sozialwohnung, aber von der Firma. So war das." (Konstantin Dikefalos)

Obwohl Firmen wie Kalle und Glyco für ihre ausländischen Arbeitskräfte Sprachkurse nach der Arbeit anboten, wurden diese, so der ehemalige Betriebsratsvorsitzende, Volker Kraushaar, selten bis kaum genutzt. Dem entgegen stand auch das Dreischicht-System, aber auch das beschwerliche Wohnen in den Arbeiterwohnheimen, wo es wenig Ruhe- und Rückzugsmöglichkeiten gab, da diese als Mehrbettzimmer ausgestattet waren. Auch die fehlende Kinderbetreuung machte sich bemerkbar, die Eheleute sahen sich oft 12 Stunden nicht, mussten sich mit der Kinderbetreuung abwechseln. Da blieb keine Zeit für anderes.

„Beim Pförtner erfolgte der Kindeswechsel und die Übergabe. Der eine kam aus der Schicht, übernahm das Kind und der andere übergab das Kind und musste in die Schicht. Wir hatten ja ein Zweischichtbetrieb, Früh- und Spätschicht, nur noch selten Nachtschicht, und da war es so gewesen, dass beim Pförtner die Kinder übergeben worden sind. Also, wenn der Mann Frühschicht hatte eine Woche lang, und die Frau dann die Spätschicht bis um 23 Uhr, dann haben sie ihre Kinder beim Pförtner übergeben. Entweder haben die Frauen die Kinder in Empfang genommen oder der Mann und erst dann sind sie zur Arbeit gegangen." (Hans-Michael Maus, ehemaliger Betriebsratsvorsitzender der Glyco-Metall-Werke)

Im Zuge des deutsch-griechischen Anwerbeabkommens, auch in Zusammenarbeit mit der Bundesanstalt für Arbeit, wurden von Seiten der Kalle AG Anfang der 60er bis Anfang der

Wohnheim mit Kindern

70er Jahre größtenteils ungelernte Kräfte aus Italien, Griechenland, Portugal, Spanien, der Türkei und dem ehemaligen Jugoslawien in ihren Herkunftsländern angeworben.

Der ausländische Anteil am Stammpersonal machte 1960 insgesamt nur 4,8 % aus. Dies veränderte sich in den folgenden Jahren erheblich. 1973 betrug der Anteil der ausländischen Mitarbeiterinnen und Mitarbeiter (Stammpersonal) schon fast 35 %, wohingegen der Anteil des deutschen Personals um knapp 28 % zurückging.

Der Anteil der griechischen Arbeiterinnen und Arbeiter, die vorwiegend in der gewerblichen Produktion und auch in Mehrschichten in der Folienverarbeitung (Hostaphan), in der Cellophan-Grundverarbeitung, NALO (nahtlose Wursthülle) sowie im Repro-Bereich (u. a. Druckplatten) eingesetzt waren, machte mit 35,1 % die größte Quote aus, dem folgten die Portugiesen mit 34 %, die türkischen Mitarbeiter mit 13 %, die italienischen Arbeiter mit knapp 7 %, die Jugoslawen mit 5,4 % und die Spanier mit knapp 3 %.[61]

Besonders in der Cellophan-Verarbeitung, wo viele ausländische Arbeitskräfte eingesetzt waren, herrschten schwierige Arbeitsbedingungen:

„Es war feucht, es wurde viel mit Säure hantiert. An vielen Maschinen musste mit Gasmaske gearbeitet werden, da die Stoffe wie Schwefelwasserstoff und Schwefelkohlenstoff sehr giftig waren. Die Geruchsbelästigung war enorm, es stank aufgrund der Chemikalien vor Ort. Es gab eine Arbeitssicherheitsabteilung, in der darauf geachtet wurde, dass bestimmte Sicherheitsvorkehrungen wie das Tragen von säurefester Schutzkleidung, Handschuhen, Gasmasken, Helmen u. a. eingehalten wurden“, so das erste griechische (und später freigestellte) Betriebsratsmitglied Athanasi Megalos.

„Zusätzlich gab es auch Schmutz- oder Erschwernis-Zulagen für Erschwernisse in der Produktion, die aber später wegfielen, da sich der Arbeitsschutz und die Arbeitssicherheitsvorkehrungen weiterentwickelten. So war beim Cellophan alles abgeschlossen und abgedichtet, sodass kein Gas mehr austrat und keine Feuchtigkeit mehr da war. Die Erschwernisse waren weg und die Kollegen mussten keine säurefesten Anzüge mehr tragen und keine Helme. Die Erschwernisse waren weg und somit ist auch die Zulage weggefallen. Dann ging es los, bei uns beim Betriebsrat: Das Geld brauchen wir doch! Das den Leuten klar zu machen, das war oft sehr schwierig. Am Anfang konnten wir noch mit dem Arbeitgeber verhandeln, dass ein bis zwei Jahre noch als Übergang die Zulage weitergezahlt wurde, aber da die Erschwernisse fehlten, wurde die Zulage schrittweise abgebaut und die Zulagenzahlung eingestellt."
(Volker Kraushaar)

„Wenn die Mitarbeiter aus gesundheitlichen Gründen aus dem Dreischicht-System in die Zweischicht oder in die Normalschicht versetzt wurden, bedeutete dies große finanzielle Einbußen zu der Zeit bis zu 30 %, die wiederum in der Lohntüte am Monatsende fehlten. Von Seiten des Betriebsrats wurden sozialverträgliche Maßnahmen für die ausländischen, aber auch für die deutschen Arbeitskräfte getroffen. Das ging damals. Das ist aber mit den Jahren immer schwieriger geworden." *(Der erste stellvertretende ausländische Betriebsratsvorsitzende, der Grieche Nikolaus Papadakis)*

Die Ausländerbeschäftigung in den Anfangsjahren der Anwerbephase war zentraler Bestandteil des bundesdeutschen Beschäftigungssystems, die neuen zugewanderten Arbeitskräfte waren nicht mehr wegzudenken, sie gehörten faktisch zur Arbeitnehmerschaft, obwohl dies nicht notwendigerweise mit einem gefestigten betrieblichen Status einherging. Besonders in der Anfangszeit musste bei Krankheit mit Kündigung gerechnet werden:

„Ich arbeitete Akkord bei der Industriekühler-Montage. Ich hatte eine Verletzung am Arbeitsplatz schon in der Probezeit. Seitens der Direktion war das gar nicht gut angesehen. Ich wurde an dem Tag nach Hause geschickt, sollte mich aber nicht krankschreiben lassen. Das wäre gleich die Entlassung." *(Die ehemalige Industriearbeiterin Alexiou Fotakis)*

Schlüssel der Integration?
„Der Schlüssel – ist ganz einfach – sind die Arbeitsplätze. Von den damals 4.500 Arbeitern bei uns waren 3.000 Ungelernte und davon 1.500 Ausländer, die hatten alle einen guten Job gehabt. Diese Stellen gibt es heute nicht mehr." *(Volker Kraushaar, ehemaliger Betriebsratsvorsitzender des Werkes Kalle-Albert der Hoechst AG)*

Resümee aus dem Entwicklungsbericht der Personalstelle der damaligen Kalle AG über die „ausländischen Arbeitnehmer der Kalle AG"[62]

„Alle diese Bemühungen, den Südländern den Aufenthalt in Deutschland zu erleichtern und die Integration zu fördern, reichen aber sicher nicht aus. Auch die Deutschen, mit denen die Ausländer am Arbeitsplatz zusammen sind und von denen sie in der Regel Weisungen und Anleitungen entgegennehmen, müssten wohl mit dem Umgang mit verschiedenen Ausländergruppen unterschiedlicher Mentalität besser vorbereitet werden. Diese Erkenntnis ist nicht neu, gewinnt aber bei dem sprunghaften Anstieg der Ausländerbeschäftigung zunehmend an Bedeutung. Wenn durch Aufklärung und Schulung hier etwas erreicht wird, dann wäre möglicherweise auch dort noch ein verstärkter Einsatz von Ausländern zu vertreten, wo es heute unmöglich erscheint."

Im Jahr 1973 waren in der Produktion insgesamt 2.844 Mitarbeiterinnen und Mitarbeiter eingestellt – davon waren 1.365 „Ausländer*innen". Fast 50 %, also jeder Zweite hatte ausländischen Hintergrund. Interessant ist hierbei, dass der höchste weibliche Anteil ausländischer Mitarbeiter bei den Griechinnen mit 581 Personen mit 35,1 % festzumachen ist, dem folgten Portugiesinnen mit 34,0 % an 2. und an 3. Stelle die Türkinnen mit 13,0 %. Dieser Spitzenwert nahm allerdings in den Jahren danach ab.

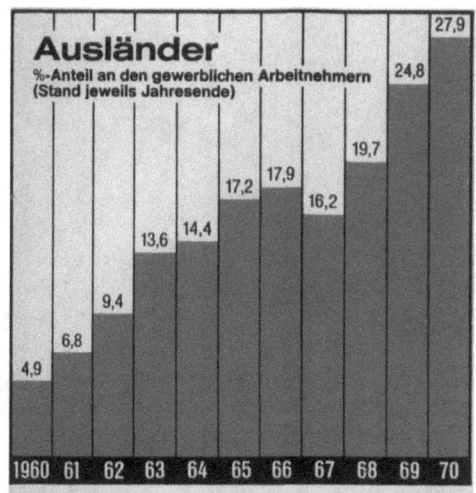

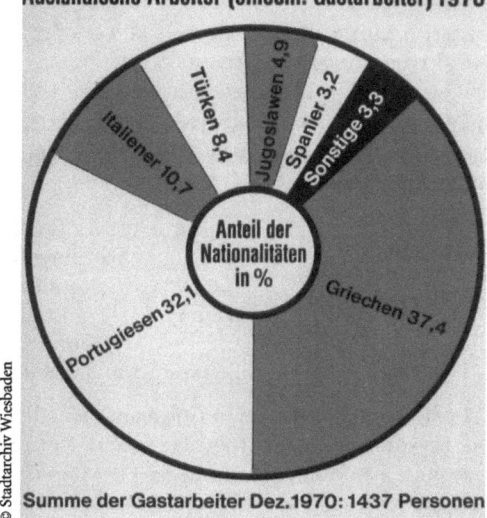

© Stadtarchiv Wiesbaden

Anteil der ausländischen gewerblichen Arbeitnehmer bei der damaligen Kalle AG Quelle: Kalle Transparent 1/1971

Das gesamte Stammpersonal im gewerblichen Sektor erhöhte sich im Beobachtungszeitraum laut interner Statistik um 6,1 %. Die Zahl der Deutschen ging um 27,3 % zurück (dies lag größtenteils an 704 Übernahmen in Angestelltenverhältnisse); bei den Frauen betrug der Rückgang 54,6 %. **Interessant hierbei: die Zahl der ausländischen Arbeitskräfte vervielfachte sich um über 666 %.**[63]

„Willkommensgeschenke" für die „Neuen" über das Ausländerreferat

Firmeneigenes Ausländerreferat der Kalle AG
„Abteilung für ausländische Mitarbeiter" – Ansprechpartner für die ausländischen Kolleginnen und Kollegen

Von Seiten des Arbeitgebers wurde speziell für die Bedarfe von ausländischen Arbeitskräften ein eigenes Ausländerreferat **Abteilung für ausländische Mitarbeiter** gegründet, in dem jeweils ein Grieche, ein Portugiese und ein türkischer Mitarbeiter von der Arbeit freigestellt wurden, um sich um die individuellen Belange ihrer Landsleute zu kümmern und als fester Ansprechpartner zur Verfügung zu stehen. So halfen sie Landsleuten bei Amtsgängen, beim Ausfüllen von Formularen u. a.

Wir sind gut in Deutschland angekommen
Sie begrüßten auch die „Neuen" im Werk – von Seiten des Arbeitgebers erhielten sie so genannte „Willkommensgeschenke", das waren größere Tüten, die mit dem Nötigsten wie Lebensmitteln, aber auch Waschutensilien für die ersten Tage in Deutschland gefüllt waren. Auch konnten sich die Ankömmlinge, erschöpft nach fast dreitägiger Anreise, im Werk duschen und bekamen eine warme Mahlzeit. Außerdem erwartete sie auch noch eine weitere Überraschung: damit „ihnen das Einleben so angenehm wie möglich gemacht werden sollte", gab es schon vorgeschriebene Postkarten mit Wiesbadener Motiven, auf denen die griechische Adresse der oft zurückgelassenen Familienmitglieder schon vermerkt war und auf denen stand: *„Wir sind gut in Deutschland angekommen."*

> *„Mein Vater hat deutsch auf der Arbeit gelernt. Bei Kalle, Hoechst und Glyco, da*
> *gab es Dolmetscher, auch Griechen. Die waren angestellt bei den Firmen. Wir hatten*

Runde mit Foto Ausländervertreter

einen griechischen Dolmetscher, insgesamt gab es drei, die haben bis zu 3.000 Leute betreut", berichtet Niko über seinen Vater, der Anfang 1960 nach Wiesbaden als „Gastarbeiter" kam, um bei Kalle zu arbeiten.

Allerdings, so der ehemalige Betriebsratsvorsitzende der Glyco, Hans-Michael Maus *„wurden die ausländischen Kollegen nie angeleitet, eigene Sprachkurse zu besuchen. Sie waren auf die Betreuung der freigestellten Kollegen angewiesen. Die Wichtigkeit der Sprachkurse als Mittel der Integration wurde damals noch nicht erkannt."*

Von Seiten des Arbeitgebers wurden aber weitere Angebote für die ausländischen Kolleginnen und Kollegen zur Verfügung gestellt, damit das Leben und Arbeiten möglichst abwechslungsreich gestaltet werden konnte. So gab es bei Kalle auch eine Sozialberaterin, die beispielsweise beim Ausfüllen von Anträgen und anderen formalen Dingen weiterhalf, aber auch in Familienangelegenheiten zur Seite stand. Zusätzlich gab es Dolmetscher von Seiten der amtlichen und kirchlichen Stellen und der ausländischen Communities sowie firmeneigene Sprachkurse, die nach Information von Volker Kraushaar allerdings auf wenig Interesse bei den ausländischen Kollegen stießen. Die Gründe waren hier sicherlich vielschichtig, ein wesentlicher Grund der Nicht-Teilnahme bestand darin, dass die Kollegen nach Schichtende erschöpft waren, Geld verdienen wollten und mussten und sich somit für die Integration über Sprache und für den Spracherwerb keine Zeit nahmen oder nehmen konnten.

„Die ausländischen Kollegen waren eigentlich immer allein gewesen. Es gab dennoch keine Probleme. In den Wohnheimen gab es fast immer einen kleinen Versammlungsraum. Aber

Logos Federal Mogul und Glyco

hauptsächlich haben sie sich samstags und sonntags immer am Bahnhof getroffen. Alle Ausländer trafen sich dort. Das war ihr Treffpunkt. Wenn man dort hinkam, es war alles schwarz, voll von Leuten. Das war so schlimm, man konnte kaum mit dem Zug wegfahren",[64] so Dimitrios Dikefalos, einer der ersten ausländischen Vertrauensleute bei Kalle.

Einer der ersten ausländischen Auszubildenden bei der Kalle AG, der Grieche Antonios Stavros: *„Meine ersten und wirklich guten Freunde hier in Deutschland waren zwei Deutsche in der Lehrwerkstatt aus meinen Anfangsjahren. Wir waren jeden Tag zusammen und haben sehr viel gemeinsam in der Freizeit unternommen, bis heute sind wir befreundet. Auch über sie lernte ich Deutsch zu sprechen."*

Arbeitsmigrationsgeschichten

Auch bei den Glyco-Metallwerken entlang der Rheinschiene waren bis in die 1940er Jahre ausschließlich deutsche Staatsbürger beschäftigt.[65] Aufgrund der angespannten Lage auf dem bundesdeutschen Arbeitsmarkt und den fehlenden Arbeitskräften entschied sich die Geschäftsleitung in Zusammenarbeit mit dem Betriebsrat im Jahr 1964 die ersten ausländischen Mitarbeiter einzustellen. Diese neuen ausländischen Kräfte wurden nicht – wie bei anderen deutschen Unternehmen üblich – im jeweiligen Fremdland angeworben und vertraglich gebunden. Die ersten ausländischen Arbeitskräfte, es waren anfangs ausschließlich Griechischstämmige, kamen ohne gezielte Anwerbung und ohne vorherige vertragliche Bindung *„über Inserate vor Ort und über Mundpropaganda unter den Griechen. Diese lief immer sehr gut. Durch die Mundpropaganda war die Anwerbung dann auch erfolgreich, weil die anderen Landsleute mitbekamen, dass man bei uns Geld verdienen kann"*, so der ehemaliger Betriebsratsvorsitzende der Glyco Werke, Hans-Michael Maus.

„Die ersten ausländischen Mitarbeiter waren ausnahmslos Griechen, mit deren Mitarbeit man sehr zufrieden war und auch heute noch ist. Dies zeigt unter anderem auch die derzeit relativ hohe Anzahl von griechischen Arbeitsjubilaren."[66]

Erst Mitte der 1970er Jahre kamen weitere Nationalitäten hinzu und es wurden neue Kolleginnen und Kollegen hauptsächlich aus der Türkei, Spanien und Italien eingestellt. So zählte man im Jahr 1993 fast 500 ausländische Mitarbeiter aus 25 verschiedenen Nationen. Bis heute gehören ausländische Mitarbeiter aus der Anfangszeit (griechisch-, türkisch-, italienisch- und spanischstämmig) zur stärksten Gruppe der migrantischen Arbeitskräfte.

Die Anwerbung von ausländischen Arbeitskräften war mit dem Ziel verbunden, die untersten Plätze der Beschäftigungshierarchie mit ihnen zu besetzen. Zugespitzt formuliert waren sie eine flexible Arbeitsmasse, die man dann bei Produktionsschwankungen oder rückgängigen Produktionsverläufen aufgrund des Rotationsprinzips wieder in ihre Herkunftsländer zurückschicken konnte.

Arbeitsvertrag

Zwischen der Landeshauptstadt Wiesbaden,
vertreten durch den Magistrat,

und ████████████

geboren am ████ 1936 in ████ (Griechenland)

wohnhaft in Wiesbaden-Biebrich, ████████

im folgenden Arbeiterin genannt,

wird folgender Arbeitsvertrag geschlossen:

§ 1

Frau ████ ████████ wird

ab ████ 1964 auf unbestimmte Zeit

~~ab~~ ~~████████████~~

als Arbeiterin ~~████████████████~~
eingestellt ~~████████~~

§ 2

Das Arbeitsverhältnis richtet sich nach dem Bundesmanteltarifvertrag
für Arbeiter gemeindlicher Verwaltungen und Betriebe (BMT-G II) vom
31. Januar 1962, den diesen ergänzenden, ändernden oder ersetzenden
Tarifverträgen sowie den für den Bereich des Arbeitgebers geltenden
Tarifverträgen in der jeweils geltenden Fassung.

§ 3

Die Probezeit beträgt 6 Wochen.

§ 4

Die Arbeiterin wird in die Lohngruppe VI HLT
eingruppiert.

§ 5

Die durchschnittliche regelmäßige Arbeitszeit beträgt 45 Stunden
wöchentlich.

bitte wenden

§ 6

1. a) Die Arbeiterin ist verpflichtet, an der Verpflegung ganz
      ████████ teilzunehmen. Die Abzüge hierfür richten sich
      nach den jeweiligen tariflichen Bestimmungen.

   b) ████████████████████████████████████
      ████████████

2. a) Die Arbeiterin wird von der Anstalt (Heim) untergebracht.
      Hierfür wird ein Betrag einbehalten, der betrieblich fest-
      gesetzt ist.

   b) ████████████████████████████████████
      ████████████

§ 7

Die Arbeiterin wird bei der Zusatzversorgungskasse für die Gemeinden und Gemeindeverbände d. Reg.-Bez. Wiesbaden, nach 3 Beschäfti-
gungsjahren rückwirkend ab Einstellungstag, frühestens jedoch von
vollendeten 18. Lebensjahr an, zusätzlich versichert. Sie ist verpflichtet, den auf sie entfallenden Beitrag zu tragen.

§ 8

Änderungen und Ergänzungen dieses Arbeitsvertrages sowie Nebenabreden sind nur wirksam, wenn sie schriftlich vereinbart werden.

§ 9

(Nebenabreden)

keine

§ 10

Dieser Vertrag ist doppelt ausgefertigt. Jede Vertragspartei er-
hält eine Ausfertigung.

Wiesbaden, den ████ 1964

Landeshauptstadt Wiesbaden
Der Magistrat
-Personalamt-

Im Auftrage

-4521/62-

Arbeitsvertrag der Stadt Wiesbaden für eine griechische „Gastarbeiterin"

Die zugrundeliegenden Musterarbeitsverträge im Rahmen der Anwerbung, die anfangs auf ein Jahr befristet wurden (mit der Option auf Verlängerung), garantierten die tarifliche und sozialpolitische Gleichstellung der ausländischen Arbeitskräfte – darauf hatten die Gewerkschaften gepocht. So partizipierten die offiziell angeworbenen ausländischen Mitarbeiter*innen an den Lohnsteigerungen in der Bundesrepublik.

Das Realeinkommen stieg von 1950 bis 1960 um 100 % und bis zum Anwerbestopp im Jahr 1973 verdreifachten sich die Wachstumsraten.

Glyco Endkontrolle im Jahr 1972

Gastarbeiter beteiligen sich mit ihren deutschen Kollegen an Streiks, hier 1970 (Tarifstreik der IG CPK/ Chemie-Papier-Keramik bei der Kalle AG)

„Die Bezahlung war wirklich gut. Wir konnten viel Geld zurücklegen und haben uns mittlerweile in Wiesbaden ein eigenes Haus kaufen können. Uns fehlte es an nichts", beschrieb Theodoros seine ehemalige Arbeit als Produktionsmitarbeiter bei der Kalle AG.

Die ausländischen Arbeitskräfte trugen auch dazu bei, dass die 5-Tage-Woche eingeführt und die Wochenstundenzahl reduziert werden konnte, auch der tarifliche Urlaub wurde von 14 auf 24 Tage angehoben. Man stellte fest, dass die Arbeitsmigranten eine sogenannte „Unterschichtung" forcierten.[67] Sie ermöglichten durch ihren Einsatz in den unteren gesellschaftlichen Positionen, dass deutsche Kollegen in höhere Positionen aufsteigen konnten.

Die Bereitschaft der ausländischen Arbeitskräfte zu Wechsel-, Zusatz- und Nachtschichten - im Akkord - führte oft zu Konflikten mit der deutschen Belegschaft, auch die Gewerkschaften standen dem kritisch gegenüber.[68]

> *„Ihr habt in eurer Heimat gehungert, ihr hattet keine Arbeit. Dann seid ihr hierhergekommen. Aber ihr müsst es einmal verstehen lernen. Das, was ihr hier um euch herum seht hohe Löhne, geregelter fester Urlaub, Sozialversicherungen, das ist nicht irgendein Paradies. Es hat jahrelange Kämpfe und Blut gekostet, um das zu erreichen. Und wir werden es uns von euch nicht kaputt machen lassen."* (Dimitris Chatzis)

```
Am 21.6.71 gegen 11.00 Uhr kam ein Wagen des Städt.
Sozialamtes Wiesbaden und wollte 1oo Wolldecken im
Wohnheim Ehrengartstr.15 abgeben. Eine Dame und ein
Herr, vermutlich Fürsorger, gaben an im Auftrag des
Dezernenten zu kommen. Im Wohnheim sei keine Heizung
und kein warmes Wasser an.
Da bei uns keine Wolldecken gebraucht werden (auf
Verlangen der Heimbewohner können vom Heim zusätzlich
Decken ausgegeben werden) wurden diese wieder abgefahren.
Das warme Wasser war am gestrigen Sonntag ausgefallen.
Bei einem sofortigen Anruf bei der Wartungsfirma wurde
mir zugesagt, daß Herr Starke - der Monteur - heute erst
wieder zu erreichen ist. Bei einem Anruf heute Vormittag
wurde mir gesagt, daß Herr St. heute im Laufe des Nach-
mittags zur Reparatur kommen wird.
Die "Wolldecken-Aktion" führe ich auf Folgendes zurück:
Am heutigen Tag, vor meinem Dienstbeginn um 9.00 Uhr,
sollen nach Mitteilung von Heimbewohnern zwei Herren im
Heim gewesen sein, um nachzusehen ob Heizung und war es
Wasser vorhanden sind. Die Heizung (nicht das warme Wasser)
wurde am 11. Mai 1971 abgestellt. Mir ist bekannt, daß im
Wohnheim Boelckestr. auch nicht mehr geheizt wird.
```

Streikbrief eines „Gastarbeiters" an Dr. Theis (Kalle)

Griechische Feier im Aufenthaltsraum des „Ausländer"-Wohnheims Kastel, 1963

„Weißer Schnee und schwarzes Brot"

5. Geschichten der Heimat und der kulturellen Zugehörigkeit

Heimat. Ein Wort mit sechs Buchstaben und vielen, vielen Assoziationen.
Für manche ist Heimat ein sprachliches „No Go", politisch nicht korrekt, für andere ein zu
Unrecht negativ konnotierter Ausdruck, das Sinnbild der politischen Vereinnahmung oder
einfach nur eine Begrifflichkeit, die verschiedene Nuancen von kulturellen Zugehörigkeiten umschreibt.

„Kulturelle Zugehörigkeit" zu einer Migrationsgesellschaft unterscheidet sich (zu den
Einheimischen) schon an wesentlichen Merkmalen wie zum Beispiel an der Aufenthaltserlaubnis. Die Einwanderer der 1. Generation besaßen anfangs nur eine befristete Aufent-
halts- und Arbeitserlaubnis. Die jeweilige gesellschaftliche Position und die Mitgliedschaft
waren demnach von äußeren formalen Strukturen dominiert. Entstand nach Jahren des
befristeten Aufenthalts eine gesellschaftliche Zugehörigkeit auf Dauer – wie die Einbür-
gerung oder der unbefristete Aufenthalt – entwickelte sich auch eine soziale und gesellschaftliche Teilhabe.

„Nun gehörten wir endlich dazu", äußerte sich Jannis, als er seinen unbefristeten Aufenthalt in Deutschland bekam.

*„Heimat wärmt mich und gibt mir ein wohliges Gefühl", beschreibt die 75-jährige
Konstantina Kokkinos ihre Gedanken und Gefühle an ihre griechische Heimat auf Kreta.*

Heimat ist ein Ort, wo Du von allen Sorgen befreit wirst.
Einen Raum, wo man sich sicher fühlt, das brauchen Menschen.

Heimat bedeutet für den ehemaligen Mitarbeiter der Glyco, Kostas Moustakas:
„In erster Linie meine Sprache und mein Ort, wo ich die ersten Erfahrungen gemacht und die Welt kennengelernt habe. Heimat sind auch Dinge, die Dein Leben prägen. Dort sind die Gefühle, die sind tief in einem verwurzelt. Die Gefühle nehmen Dich an die Hand und führen Dich wieder nach Hause. Aber das heißt nicht unbedingt, dass sie mich zurück nach Griechenland führen."

Heimat steht aber auch für einen kontinuierlichen Prozess der Annäherung. Ein Prozess des „Kennenlernens" einer neuen Kultur, Identität und Sprache des Aufnahmelandes. Dieser beständige Prozess umfasst ein sich entwickelndes Zugehörigkeitsgefühl (zur eigenen und zur neuen Kultur), eine Selbstfindung und -reflexion, aber auch Identitätskrisen samt Selbstanalysen – also eine Gesamtheit vieler sozialer Komponenten.

Heimat – Geschichten
„Heimat ist kein Ort – Heimat ist eine Erinnerung"

Heimat – das sind auch ganz konkrete und immer wieder abrufbare Erinnerungen. Konstanina Kokkino denkt dabei an *„Landschaften, Orte, den Geruch dunkler Erde, an das frische Gemüse aus dem Garten meiner Großmutter. Aber auch der Geruch von Hitze, Sandabdrücken am Meeresstrand. Der Geruch meiner zweiten Heimat ist anders. Es fehlt irgendwie das Wilde, Unkontrollierte. Hier (in Deutschland) riecht es im Sommer dagegen drückend nach Benzin, manchmal nach Smog von Abgasen."*

> *„Mein erster Eindruck in Deutschland waren die saftig-grünen Gärten entlang der Bahnstrecke und auf diesen schön gepflegten Grünflächen hing an Wäscheleinen schneeweiße Wäsche. Das kannte ich so nicht aus Griechenland. Auch nicht den Geruch von Kohle." (Kostas Moustakas)*

Jeder Geruch ist ein Erinnerungsfetzen an die Heimat. Jede dieser Erinnerungen ist ein Unikat für sich, angenehm, manchmal unangenehm schmerzend in der Erinnerung.

> *„Ich bin stolz darauf, mehr als einen Heimatgeruch zu kennen, denn das ist das Ergebnis der Sozialisation aus zwei Unikaten – wir sind ein unsichtbares, verschmelzendes Bindeglied, vielleicht ein Konglomerat von Chaos und Ordnung. Bis zu dieser Erkenntnis und auch zu dem Eingeständnis war es ein langer Prozess, denn anfänglich war das Gefühl der Nichtzugehörigkeit omnipräsent. Diese Erinnerungen ziehen sich durch mein Leben", konstatiert Argryri Paraschaki (Kind griechischer Auswanderer, die in den 70er Jahren nach Deutschland emigrierten).*

Die Menschen der 1. Generation agierten wie Wanderer zwischen zwei Welten: die der ersten Auswanderung und die der (Ein-) Wanderung hier in Deutschland „in ein Land, welches ich vorher nicht kannte", beschrieb Niko Megalos seine „Wanderung als 13-Jähriger, als er seinem Vater im Jahr 1970 nach Wiesbaden folgte.

Boule- oder Petanque-Spiel, 1965

Meine erste Heimat ist hier, die zweite ist in Griechenland

Migrationswissenschaftler[69] sprechen davon, dass sich Zuwander*innen ein „kulturelles Programm" der Aufnahmegesellschaft aneignen, um so innerhalb der (neuen) Gesellschaft und mit diesem „Rüstzeug" problem- und situationsorientiert zu agieren. Diese Kulturaneignung ist wie ein Programm zu sehen: das tradierte Programm bleibt in Teilen erhalten, wird allerdings im Prozess der Migration mit dem Aneignen und dem Kennenlernen der neuen (Aufnahme-) Kultur modifiziert. Dieses Wissen ist wichtig und elementar, um über dieses soziale Handeln sich auch als Teil der Gesellschaft zu verstehen und dazuzugehören.

Teil der deutschen Gesellschaft zu werden, ein Teil der Gesellschaft in Wiesbaden – das war der gemeinsame Nenner der befragten griechischen Migrant*innen. **„Meine erste Heimat ist hier"**, unterstreicht Vassilis Raptis, einer der ersten ausländischen Vorabeiter in den 1970er Jahren bei der Kalle AG:

> *„1968 habe ich bei der Kalle angefangen zu arbeiten, drei Jahre später habe ich gekündigt, bin mit meiner deutschen Frau nach Griechenland, da wir uns mit meinem Bruder selbstständig machen wollten. Die Zeit, wo ich in Griechenland im ersten Jahr wieder lebte und mit den Behörden und den verschiedenen Ministerien zu tun hatte, war sehr schwierig. Da habe ich mir innerlich gesagt, Deutschland ist ein Paradies, da willst Du wieder hin. Nach einem Jahr sind wir wieder zurück nach Deutschland und für immer geblieben. Deutschland ist mittlerweile meine Heimat geworden, meine erste Heimat. Die zweite ist Griechenland. Heimat ist kein Ort – Heimat ist eine Erinnerung."*

„Ich habe zwei Heimaten in mir"

Die Griechen der 1. Generation, die Anfang der 1960er Jahre nach Deutschland zu-wanderten, beschrieben eine Co-Existenz von „zwei Heimaten", die sich in den Jahren der Zuwanderung, Einwanderung und Migration nach und nach entwickelte: „Ich habe zwei Heimaten in mir" und ich **„bin hier verwurzelt"** waren die Kernaussagen der Griechinnen und Griechen. Oft wurde diese Form mit **„halb griechisch-halb deutsch"** auch ironisch mit Bezeichnungen wie *„Germanolos"* oder *„da kommen die Deutsch-Griechen"* betitelt.

Heimat ist bei den befragten Griechen dort, wo man lebt, „heimisch" ist, wo die Familie ist, die Kinder und Kindeskinder.

Die befragten Griechinnen und Griechen der 1. Generation betonten, dass sie sich nach über fünf Jahrzehnten immer noch als „Griechen" sehen und „im Herzen griechisch geblieben sind"; über die Hälfte der Befragten äußerten, dass sie mittlerweile „deutsch denken und handeln". Interessant ist hier, dass in den Befragungen der sogenannten „Mischehen" (4 Ehepaare jeweils griechischer Mann und deutscher Frau) beide Ehepartner unabhängig voneinander betonten, dass sich ihre „Herkunftskultur" sowohl des Deutschen als auch des Griechischen verändert habe. Neben dem Erlernen der Sprache des Partners habe man sich die „Kulturen der Ehepartner schrittweise angeeig-net". So lobte ein ehemaliger Produktionsmitarbeiter der Kalle-Albert die „Pünktlichkeit und Ordentlichkeit der Deutschen", viele betonten das „Made in Germany" habe ihnen gut gefallen. Demgegenüber standen das bewusste Aufrechterhalten ihrer Tradition(en), wie beispielsweise die Pflege der griechischen Sprache, das Begehen der Festtage der griechisch-orthodoxen Religion, den Namenstag, die Fastenzeiten und auch der hohe Stellenwert der Familie.

Prozess der Migration – Prozesse und Vorstellungen der Kulturaneignung
Interessant ist, dass die untersuchte Zielgruppe – auch die befragten Kinder und Kindeskinder sich souverän in mehreren sozialen Wirklichkeiten bewegen. Sie verfügen über Fähigkeiten und weiterer Kompetenzen auch aufgrund der Mehrsprachigkeit, ein doppeltes oder mehrfaches kulturelles „Programm" zu nutzen.

Heimat hat für mich auch mit Ursprung zu tun, deshalb war Wiesbaden nie die einzige Heimat

> *„Heimat ist in erster Linie für mich ein Ort, bei dem ich zur Ruhe kommen kann. Meine ortsbezogene Heimat ist Wiesbaden. Ich verbinde sehr viele und schöne Erinnerungen mit Wiesbaden. Dadurch fühle ich mich mit dieser Stadt verbunden. Heimat hat für mich aber auch etwas mit Ursprung zu tun, deshalb war Wiesbaden nie die einzige Heimat, sondern Griechenland war immer eine weitere Heimat, mit der ich mich durch meine Familie dort und hier verbunden fühle. Ich glaube, man kann sich sogar an mehreren Orten zuhause fühlen, solange man in seiner Umgebung das Gefühl von Geborgenheit bekommt."* (Jannis D., 44 Jahre. Sie gehört zur 2. Generation, sie hat eine griechische Mutter und einen deutschen Vater. Sie lebt seit ihrer Geburt in Deutschland und besitzt die deutsche Staatsangehörigkeit).

„Ich bin wahrscheinlich ein Biebricher, Grieche und mittlerweile auch Deutscher"
(Erzpriester Georgios Papassalouros)

Die interviewten Ansprechpersonen stellen Heimat als einen beweglichen, fluiden Ort mit der Option auf mehrere kulturelle Identitäten dar. Heimat ist mehr als nur ein Erinnerungsort. Der geographische Ort ist wandelbar - man „wandert" und bewegt sich zwischen den heterogenen sozialen Welten. Neue Kulturformen entstehen unter Miteinbeziehung der herkömmlichen Traditionen und die Akteure bewegen sich in neu entstehenden (und schon entstandenen) Kulturräumen.

Deutschland ist meine Heimat
> *„Ich glaube, dass das ganz einfach damit zu beantworten ist, da ich hier sozialisiert bin. Ich arbeite hier, ich habe mein soziales und kulturelles Umfeld hier. Ich fühle mich in Deutschland wohl und darf anmerken, dass ich mich als Teil der Gesellschaft in Deutschland fühle und ich engagiere mich auch gerne für dieses Land.*
> *Natürlich ist ein großer Teil meiner Familie in Griechenland und ich bin regelmäßig auch in Griechenland und fühle mich dort auch wohl. Ein Stück weit ist Griechenland natürlich auch Heimat, die Heimat meiner Eltern. Aber ich habe dort nicht gelebt und daher ist für mich ganz klar Deutschland meine Heimat. Kurz um, ich fühle mich zu Deutschland zugehörig."* (Argyri Paraschaki, 2. Generation)

„Meine Heimat, ich suche Dich wie ein Verdammter.
Wenn ich bei Dir in der Fremde bin, bin ich Grieche.
Wenn ich bei Dir bin, bin ich Fremder"[70]

6. Geschichten der kulturellen Identität

Über 80 % der befragten ehemaligen Gastarbeiter*innen sehen sich auch nach über 50 Jahren in Deutschland bis heute *„griechisch kulturell zugehörig"*[71], pflegen die griechische Kultur und identifizieren sich ihrer Meinung nach mit den Werten und Traditionen und geben diese an die Folgegeneration weiter. Aussagen wie *„Es ist wie in einer Mischgesellschaft. Es ist beides da"*, *„Man kann im Grunde beides haben. Es ist ja nicht verkehrt. Es muss ja auch nicht Entweder- oder sein"* und *„Offen sein, ohne komplett seine Kultur zu verlieren"* waren ein Zeichen einer Offenheit zur Aufnahmegesellschaft unter Beibehaltung eigener, auch religiöser Kulturpraktiken *„Wir sind offen, weltoffen. Vieles kriegst Du ja auch schon in der griechisch-orthodoxen Kirche mit."*

> *„Wir wollten dazugehören. Der Anfang hier in Deutschland war sehr, sehr schwer. Ich hatte die kleinen Kinder und musste viel arbeiten. Auf der Arbeit sprachen sie mich auf Deutsch an, ich verstand nichts. Dann musste der Dolmetscher geholt werden. Wir hatten keine Angst, unsere Kultur zu verlieren. Es war im Werk und auch außerhalb so, dass wir als Griechen keine Probleme hatten, wir wurden ja gebraucht. Am Anfang fühlte ich mich isoliert von den Deutschen. Das ist aber schon lange nicht mehr so. Ich gehöre dazu, spreche auch die deutsche Sprache und habe deutsche Freunde."* (Anna Floros, ehemalige Chemiearbeiterin)

Interessant ist in diesem Zusammenhang, dass sich ein Traditionswechsel in der Generationenfolge vollzog. Berichteten die griechischen Eltern, die in den 1960er Jahren nach Deutschland migrierten, noch von dem Aufeinandertreffen mit der „fremden deutschen Kultur" und von dem Selbstverständnis und dem Stolz, Grieche oder Griechin zu sein, unabhängig von der Tatsache, dass sie über 50 Jahre in der Bundesrepublik lebten, arbeiteten und Familien gründeten, so brachten die Vertreter der 2. Generation klar zum Ausdruck, dass sie sich eigentlich mehr als Deutsche sehen **mit einem griechischen Migrationshintergrund, auf den sie viel Wert legen und auch stolz sind.** Wird in der Elterngeneration auf die griechische Tradition mit der immanenten Pflege von Brauchtum und den religiösen Fest- und Feiertagen hoher Wert gelegt, so vermischt sich dies auf spannende Weise in der Folgegeneration und entwickelt neue, eigene (hybride) Formen:

> *„Unsere Riten und Festtage wie zum Beispiel Nikolaus, der erst am 31.12. ist oder das Weihnachtsfest, das am 25. und 26. in Griechenland gefeiert wird, vermischen sich mit den deutschen Festterminen. Das heißt, dass unser Kind den Nikolaus 2x feiert und das Weihnachtsfest sogar drei Tage erlebt. Unser Kind haben wir zweisprachig erzogen, hierbei ist aber das Griechische nur noch die Zweitsprache, Deutsch steht an erster Stelle."* (Christios Mantzios)

> *„Ich fühle mich deutsch, aber nicht nur, sondern auch griechisch – irgendwie fühlen wir uns halbe-halbe"*, so die ehemalige Chemiearbeiterin Sofia Papadakis.

Feier im Festzelt mit Puppe, 1960er Jahre

Vertreter der 2. Generation beschreiben die Co-Existenz zweier Kulturen als Leben in „Parallelwelten"

„Ich ging auf die zweisprachigen griechisch-deutschen Schulen in Wiesbaden-Biebrich, also die Goethe- oder die Pestalozzi-Schule. Wie meine Familie, bewegte ich mich anfangs in griechischen Kreisen, in Vereinen und der griechisch-orthodo-xen Kirche. Meine Familie lebte allerdings nicht wie die überwiegende Mehrheit der Griechen in Wiesbaden-Biebrich oder Wiesbaden-Schierstein, damals Hochburgen der griechischen „Community", sondern in der Innenstadt. Diese Tatsache bescherte mir die Möglichkeit auch einige deutsche Freunde zu haben, einen deutschen Kinder-garten zu besuchen und die Erfahrung auch einer anderen Kultur, nämlich der deutschen, zu machen. Trotzdem muss ich gestehen, dass meine Familie damals in einer Art „Parallelgesellschaft" lebte, mit dem Wunsch nach einer ethno-kulturellen bzw. kulturell-religiösen Homogenität und einer formal freiwilligen Segregation. In den späten 60er und 70er Jahren des letzten Jahrhunderts lebten, nach meiner Einschätzung, bestimmt so ca. 90 % der Wiesbadener Griechen in einer Art „Parallelgesellschaft."

63

Das Leben in beiden Kulturen

„Ich bin wahrscheinlich ein Biebricher, Grieche und mittlerweile auch Deutscher"

Auf die Frage im Rahmen des vorliegenden Migrationsprojektes *„Gibt es kulturelle Identität? Fühlen Sie sich einer bestimmten Nationalität zugehörig?"* wurde der Migrations– und Annäherungsprozess sichtbar. Nach Meinung der befragten Menschen liegt hier der Schlüssel einer erfolgreichen Integration der zugewanderten Griechinnen und Griechen, nämlich ein bis heute andauerndes gegenseitiges Annähern, Respekt und Akzeptanz unabhängig von kulturellen, religiösen oder sozialen Unterschieden in der Aufnahmegesellschaft.

> *„Bestimmt! Denken Sie an all die Dinge, die eine Kultur ausmachen: Sprache, Religion, Lieder, die Art zu feiern und so vieles mehr. Wir sind aber alle Kinder Gottes. Wir lachen, weinen und lieben. Danach erst sind wir Griechen und Deutsche. Ich bin wahrscheinlich ein Biebricher, Grieche und mittlerweile auch Deutscher."*
> *(Vater Georgios, Erzpriester der griechisch-orthodoxen Wiesbadener Pfarrgemeinde „Heiliger Georgios")*

Geschichten um die kulturellen Identitäten

Hat sich Ihre griechische Kultur durch das Leben in Deutschland verändert? Wenn ja, wie sieht dies aus?

> *„Das ist interessant, dass Sie das ausgerechnet mich fragen. Die griechisch-orthodoxe Kirche gehört zur griechischen Kultur und als griechisch-orthodoxer Pfarrer ist es ja mein Beruf, ein Stück der griechischen Kultur zu bewahren. Aber ich achte zum Beispiel darauf, dass ich Teile des Gottesdienstes auch auf Deutsch halte. Das ist wichtig, weil es viele gemischte Paare gibt, die in den Gottesdienst kommen. Und es setzt auch ein wichtiges Zeichen. Denn unser Zuhause ist Deutschland."* (Vater Georgios, Erzpriester der griechisch-orthodoxen Wiesbadener Pfarrgemeinde „Heiliger Georgios")

Wenn man die Blickrichtung ändert und nicht auf kulturelle Unterschiede[72] schaut, liegt es nahe, nach Verbindungen zu suchen und den Blick bzw. die Blickrichtung auf die Kulturressourcen der verschiedenen zugewanderten Menschen zu richten, wie Sprache, Alltagsbräuche, religiöse und philosophische Traditionen, die prinzipiell jedem zur Verfügung stehen.

Im Miteinander schaut man auf Gemeinsamkeiten – nicht auf kulturelle Unterschiede

Kulturbegegnung findet im Zwischenmenschlichen statt – denn hier begegnen sich in ganz normalen Alltagssituationen Menschen, keine Nationen. Im Miteinander schaut man auf Gemeinsamkeiten – nicht mehr primär auf kulturelle Unterschiede.

„Wir sind alle Kinder Gottes. Wir lachen, weinen und lieben. Danach erst sind wir Griechen und Deutsche" (Erzpriester Georgios)

Familiengeschichten werden ständig fortgeschrieben: war der Wunsch nach Arbeit für die Familien aus der ländlichen Region Nordgriechenlands anfangs das vorrangige Thema,

ΣΠΟΥΔΗ ΤΟΥ ΠΕΡΙΒΑΛΛΟΝΤΟΣ : 3. ΤΟ ΦΘΙΝΟΠΩΡΟ (ΣΕΠΤΕΜΒΡΙΟΣ ΟΚΤΩΒΡΙΟΣ ΝΟΕΜΒΡΙΟΣ)

Griechische Klasse, Goethe-Schule Wiesbaden

so veränderte sich die Haltung, als die Ehefrau und die Kinder folgten. Bestand das Leben anfangs für den Familienvater noch aus Arbeit und dem Pendeln zwischen Wohnheim und seiner Tätigkeit bei Kalle, so musste er, als seine Familie nach Deutschland kam, sich mit einem Mal in einem neuen, doch fremden Land zurechtfinden.

„Deutschland liebe ich, hier hat alles begonnen: meine Arbeit, meine Familiengründung, mein Geschäft und die Selbstständigkeit"

Interessant ist, dass die befragten Griechinnen und Griechen ihren eigenen Integrationsprozess positiv formulierten. Selbst erlebte Diskriminierungen im Alltag, Beruf oder in der Schule waren kein Grund, generell das Zusammenleben mit den Deutschen oder die deutsche Gesellschaft als Ganzes in Frage zu stellen. Auch die Befragungen von deutschen und griechischen Vertretern der Arbeitswelt (ehemalige Betriebsräte der Chemischen Industrie und der Glyco Werke) gaben in der Auswertung ein ähnliches Bild: neben den „normalen" Problemen im Betrieb gestaltete sich die Zusammenarbeit von ausländischen und deutschen Kollegen begünstigend für beide Seiten.

Das Zusammenleben mit den Deutschen wurde nach Ansicht der Interviewpartner durchweg als positiv und zum Teil auch bereichernd für die eigene griechische Kultur empfunden.

Georgios Papadopoulos berichtet, dass sein deutscher Sportkollege aus dem Fußballverein in Biebrich ihn immer „Schorsch" nannte. *„Er war der erste Deutsche, den ich kennenlernte und bis heute, über Jahrzehnte verbindet uns eine enge und tiefe Freundschaft. Er half mir auch bei der Integration, beim Deutsch lernen oder bei den Anträgen auf Wiesbadener Ämtern."*

Einer der ersten griechischen Gastwirte in Deutschland Christoforos Dimitriadou: *„Ich hatte eine nette deutsche Chefin, die auch ein wenig griechisch sprach. Hier arbeitete ich 1 ½ Jahre bis zu meiner Volljährigkeit. Vorurteile bekam ich nicht mit."*

„Ich bin und bleibe Grieche: ich habe eine deutsche Frau, aber ich habe die Person geheiratet und nicht die Nation oder Nationalität. Meine Söhne besitzen die deutsche und die griechische Staatsangehörigkeit. Deutschland liebe ich, hier hat alles begonnen: meine Arbeit, meine Familiengründung, mein Geschäft und die Selbstständigkeit."

Ein weiteres Merkmal bei den Befragungen war, dass die Griechen in der Diaspora ihren Aufenthalt anfangs kurzfristig planten (das konnte in der Realität einige Jahre bedeuten), andererseits ein potentiell funktionierendes (Beziehungs-) Netz in ihrer griechischen Community vorfanden, selber ein Teil davon wurden und dazu beitrugen, dass dieses Netz weiter Bestand hatte und somit stabilisierend für sie und andere Immigranten wurde. Die Rückkehr nach Griechenland stand in den Anfangsjahren der Migration noch im Mittelpunkt:

„Ich hatte immer im Hinterkopf in Gedanken einen Koffer: Wenn alles klappt, dann klappt – wenn nicht, dann geht Kosta zurück mit Koffer!", so ein Zitat von einem der ersten griechischen Zahnärzte in Wiesbaden.

Beide kulturelle Zugehörigkeiten stehen nach Meinung der griechischen Interviewpartner nicht in einem Spannungsfeld, sondern ganz im Gegenteil, sie bereichern einander, dies betonten auch die „bikulturellen" Ehepartner (hier: griechischer Partner und deutsche Partnerin):

„Das Kennenlernen der griechischen Kultur war für mich als Deutsche eine Bereicherung. Das Gleiche gilt auch für meinen Mann. Ich kann sagen, dass sich unser Leben durch die beiden Kulturen bereichert hat", betont Hannelore Dikefalos, die als 17-Jährige ihren zukünftigen griechischen Mann, der als Gastarbeiter nach Wiesbaden kam, kennenlernte und kurz danach heiratete.

Argryri Paraschaki (Vertreterin der 2. Generation über ihre zugewanderten Eltern) zur Identität des Deutsch- und Griechisch-Seins: *„Anfänglich war ja für mich das Griechisch sein normal, bis man dann natürlich anfängt in der Schule ein Stück weit zu merken, dass man anders ist. Dies wird dann mit und in den Freundschaften offensichtlicher. Das muss aber nicht negativ sein. Aber es stimmt schon, dass meine Eltern ein Stück weit versucht haben, uns die griechische Tradition und unsere Kultur in der Fremde zu vermitteln und*

„Ball der Nationen" (Feier für die „Kalleaner")

diese zu bewahren. Meine Eltern haben ganz viel auf eigene Entfaltung verzichtet, zu Gunsten der Kinder. Meine Eltern haben sehr früh den Entschluss gefasst, nicht nach Griechenland zurückzukehren und haben hier dann auch Eigentum erworben und sich also bereits Ende der 70er, dazu entschieden, sich auf das ‚hier' komplett einzulassen."

„Vielen Menschen bleibt in der Fremde nur die kulturelle Identität."
(Kostas Nikolaidis, früherer Dolmetscher der griechischen Chemiearbeiter)

„Irgendwie sind wir jetzt nach über 50 Jahren angekommen."
(der ehemalige Gastwirt Stavros Fotakis)

„Es ist solange fremd, bis man es kennt" - so das erste ausländische Betriebsratsmitglied der Kalle AG über das Zusammentreffen der deutschen und griechischen Kollegen.

„Der erste Mercedes"

Gibt es kulturelle Identität? Fühlst Du Dich einer bestimmten Nationalität zugehörig?

„Ich glaube, dass die Frage nach einer kulturellen Identität eine äußerst persönliche Angelegenheit ist. Aus meiner Sicht gibt die kulturelle Identität vielen Menschen ein Zuhause. Sie ist eine Zusammenstellung an Merkmalen und Ideen, mit denen sich Menschen und bestimmte Gruppen selbst identifizieren. Sie kann regional, national oder transnational gebildet werden. Letztlich dient die kulturelle Identität einer gewissen Welt-und Sozialorientierung. Ich bin Grieche und deutscher Staatsbürger. Mittlerweile höre ich aber Kommentare von Deutschen, die mir sagen, dass ich deutscher bin als ein Deutscher, weil ich teilweise noch pünktlicher bin als sie und sehr diszipliniert", so Christos Mantzios *(Vertreter der 2. Generation, auch seine Eltern kamen als „Gastarbeiter" in den Anwerbejahren nach Deutschland).*

Die Geschichte zur kulturellen Identität ist eng mit dem Prozess der Einwanderung, der Integration verbunden.

Die griechischen Gastarbeiterinnen und Gastarbeiter in Wiesbaden, die in den Anfangsjahren auf sich alleine gestellt waren und aufgrund von mangelnden flächendeckenden Förderangeboten Halt und Unterstützung in ihrer griechischen Community erfuhren, allen voran auch von der griechisch-orthodoxen Kirche, erlebten sich nicht nur als erste Immigranten, sondern auch als Integrations-Pioniere ab den frühen 1960er Jahren.

„Es waren Arbeitskräfte gerufen worden und es kamen Menschen", resümierte Max Frisch im 20. Jahrhundert. Deutschland war bis zu diesem Zeitpunkt nicht auf den dauerhaften Aufenthalt seiner ausländischen Bürgerinnen und Bürger vorbereitet und sah sich in Zeiten der Gastarbeiter-Ära zudem nicht als Einwanderungsland. Vor diesem Hintergrund konstituierten sich nationale Sozialräume, es entstanden in Wiesbaden griechische Schulen, zahlreiche griechische Vereine, deutsch-griechische Sportvereine, deutsch-griechische Gesellschaften, griechische Gemeinden und die expandierende griechisch-orthodoxe Kirchengemeinde in Wiesbaden-Biebrich „Heiliger Georgios".

In der griechisch-orthodoxen Kirche „Heiliger Georgios", Wiesbaden-Biebrich 2019

„Unsere Kirche bindet uns – sie hält uns hier in Deutschland zusammen"

Die Rolle der griechisch-orthodoxen Kirche in der deutschen Diaspora

Die griechisch-orthodoxe Kirche war historisch immer eng mit dem Patriarchat Konstantinopel verbunden. In Deutschland gehören 75 Gemeinden mit drei Weihbischöfen und einem Erzbischof an der Spitze zur Metropolie.

Die Pfarrgemeinde „Heiliger Georgios" (Mainz-Wiesbaden) gehört zur griechisch-orthodoxen Metropolie von Deutschland und dem Exarchat von Zentraleuropa.[73] Sie wurde 1968 gegründet und ist die drittgrößte christliche Gemeinde Wiesbadens. Die Gemeinde erstreckt sich bis nach Koblenz, Limburg und Rüsselsheim. Den ersten sakralen Anbetungsort fand die Gemeinde in der Wiesbadener evangelischen „Oranier-Gedächtnis-Kirche". Kurze Zeit später stellte die Lutherkirchengemeinde über 20 Jahre ihre Kirchenräume zur Verfügung. Seit 1975 ist **Georgios Papassalouros** als Erzpriester in der Gemeinde tätig. Das Kirchenoberhaupt lebte viele Jahre auf dem Berg Athos und praktizierte die urchristlich-klösterliche Lebensweise. Nach seinem erfolgreichen Studium an der Universität Athen erhielt er das Diplom der theologischen Fakultät.

Mit der finanziellen Unterstützung, Spendengeldern und der ehrenamtlichen Arbeit der Gläubigen konnte im Jahr 1995 am Rheinufer in Wiesbaden-Biebrich im Arbeits- und Wohnbezirk vieler auch ehemaliger griechischer „Gastarbeiter*innen" eine eigene Kirche mit Pfarr- und Gemeinderaum realisiert werden. Am 13. März 1995 unterschrieb Erzbischof Augoustinous, Metropolit von Deutschland, den Kaufvertrag und nach zweijähriger (Um-)Bauzeit wurde das Gotteshaus 1997 offiziell eingeweiht. Der Gebäudekomplex stammte aus dem 18. Jahrhundert, beinhaltete die erste Turnhalle und das erste Hotel in Biebrich. In den 1970er Jahren war die Anlage in griechischer Hand, unter anderem war hier das „Adler-Kino" beheimatet, in dem nach Mitteilung vieler älterer Gemeindemitglieder griechische Filme im Original gezeigt wurden. Ein griechischstämmiger Wirt betrieb in diesen Jahren ein Tanzlokal. Das Gebäude befand sich beim Kauf in so einem maroden Zustand, dass nur mit Hilfe des griechischen Architekten Ioannis Karnavos und der Unterstützung zahlreicher ehrenamtlicher, freiwilliger Helfer der griechischen Gemeinde der Umbau erfolgreich umgesetzt wurde. Alle wurden einbezogen und halfen gemeinsam mit. Neben der Kirchenanlage wurden auch 12 Wohneinheiten geschaffen, die unter anderem vom Pfarrer und seiner Familie bewohnt werden. Andere Räumlichkeiten stehen Hilfesuchenden zur Verfügung, die auch vorübergehend hier Unterkunft finden. Vater Georgios betonte, dass ohne jegliche finanzielle städtische Unterstützung das Kirchenbauprojekt erfolgreich umgesetzt werden konnte. Zahlreiche Geldspenden von Seiten der griechischen Community insbesondere auch von der griechischen Familie Kaloudis führten dazu, dass das Großprojekt realisiert werden konnte.

Helfen, Unterstützen und solidarisches Füreinander interpretiert der griechisch-orthodoxe Pfarrer nicht nur als ein griechisches Charakteristikum– das Karitative ist eine Gunstbezeugung und eine Wertschätzung gegenüber der eigenen Kultur und der Religion – man steht auch in der Diaspora füreinander ein.

> *„Aus der griechischen Antike wissen wir: Wenn ein Grieche Griechenland verlassen hat, um neue Länder kennenzulernen, bestand das Erste, was er in der neuen Heimat gemacht hat, darin, eine Kirche zu bauen. Der Glaube ist eine wichtige Stütze auch gerade im Alltag. Hier schöpfen die Menschen, auch Deutsche, Hoffnung und Kraft."*
> *(Erzpriester Georgios Papassalouros)*

> *„Vor 60 Jahren gab es noch keine Strukturen für die ersten griechischen Gastarbeiter in Deutschland. Sie mussten sich also selbst organisieren. Sie waren ganz alleine und auch der griechische Staat hat sie fast komplett allein gelassen, als sie nach Deutschland gegangen sind. Wir wurden von der deutschen Gesellschaft aufgenommen und bekamen hier eine Perspektive. Heute finden die Griechen, die aufgrund der Krise in Griechenland nach Wiesbaden gehen, hier bereits Strukturen vor.*
> *Wir sahen unsere eigenen Gemeindezentren als einen Ort der Begegnung mit den einheimischen Menschen hier in Wiesbaden. Wir hören immer wieder von offiziellen Vertretern von Kirche und der Stadt, dass die Griechen ein Vorbild darstellen im Hinblick auf eine gelungene Integration in Wiesbaden und in Deutschland." (Erzpriester Georgios)*

> > *„Unsere Kirche bindet uns. Sie hält uns hier in Deutschland zusammen. Kirche bedeutet immer ein Stück Heimat. Wir sind 98 % orthodox. Nicht katholisch, nicht protestantisch, nicht moslemisch. Ein Dorf schlägt das andere. So etwas haben wir nicht.*

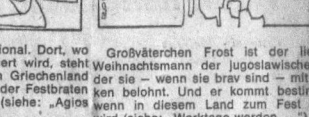

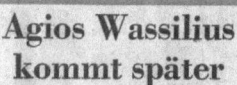

Der Tannenbaum ist international. Dort, wo in der Welt Weihnachten gefeiert wird, steht der immergrüne Nadelbaum. In Griechenland ist es nicht anders, wenn auch der Festbraten dort ein Lamm am Spieß ist (siehe: „Agios Wassilius...").

Großväterchen Frost ist der liebe, gute Weihnachtsmann der jugoslawischen Kinder, der sie — wenn sie brav sind — mit Geschenken belohnt. Und er kommt bestimmt, auch wenn in diesem Land zum Fest gearbeitet wird (siehe: „Werktage werden...").

Agios Wassilius kommt später

Das Weihnachtsfest des Alexandros Katikaridis und seiner Frau Urania ist ein Fest unter Freunden, unter Landsleuten, und dennoch ein Fest in der Fremde. Seit viereinhalb Jahren ist das griechische Ehepaar in Wiesbaden. Es wohnt in einem Heim in Schierstein und bildet einen Teil des bunten Nationalitäten-Gemischs, das hier eine — wenn auch etwas beengte — Heimat gefunden hat.

Wenn Alexandros Katikaridis mit seinen griechischen Freunden die deutsche Weihnacht miterlebt, wird er einiges vermissen, was für ihn und seine Frau eigentlich mit zu diesem Fest gehört: die beiden Söhne, die fern von ihren Eltern in Saloniki leben, die Schar der Kinder, die — wie es in seiner 15 000 Seelen zählenden Heimatstadt Florina Sitte war — am ersten Weihnachtstag durch die Straßen des Ortes laufen, vor den Türen der Häuser Lieder singen und dafür mit kleinen Geschenken bedacht werden. Fehlen wird ihm auch die selbstgebastelte Krippe, die in jeder griechischen Familie unter dem Weihnachtsbaum aufgestellt wird.

Zwei Spezialitäten der griechischen Weihnacht lassen sich aber auch nach Wiesbaden übertragen, der traditionelle Lammbraten am Spieß und der Auftritt des Agios Wassilius, des griechischen Nikolaus, der am Neujahrstag seine Gaben verteilt. Einige in Wiesbaden lebende Griechenkinder erwarten ihn sehnsüchtig.

Werktage werden zu Festtagen

Wollte Marka Dilberovic das Weihnachtsfest in Wiesbaden genauso wie in seiner jugoslawischen Heimat feiern, würde der Pförtner bei der Biebricher Kalle AG am ersten Weihnachtsfeiertag große Augen machen, denn in der sozialistischen Volksrepublik Titos sind die Weihnachtsfeiertage eben keine Feiertage. Es muß voll gearbeitet werden.

Aber dennoch feiert die Bevölkerung der fünf jugoslawischen Bundesstaaten Weihnachten wie in ganz Europa: die Zahl derer, die ihren Jahresurlaub oder einen Teil desselben zu dieser Zeit nehmen, ist beträchtlich. Auch das Fest ist der deutschen Weihnacht sehr ähnlich: der Weihnachtsbaum, eine Tanne, geschmückt mit Kerzen und Süßigkeiten, gehört dazu. Nur der Weihnachtsmann kommt nicht. Respekt erheischend und ehrfurchtsvoll von den Kindern empfangen erscheint am 25. Dezember der „Djeda Mraz", das Großväterchen Frost, statt seiner.

Die Aufgabe aber ist die gleiche: Geschenke für die Kinder zu bringen. Natürlich auch die Rute, wenn die Kinder es verdient haben. Dieses Weihnachtsfest verbringen Marka Dilberovic und seine Frau Mara im Kreis jugoslawischer Freunde, mit Slibowitz und einem gebackenen Spanferkel, im kommenden Jahr wird es anders sein: die 16 Monate alte Tochter der beiden, jetzt noch bei Verwandten in Zagreb, ist dann bei ihren Eltern.

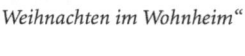

„Weihnachten im Wohnheim"

71

*Auch unser Kirchenhaus haben wir zusammen gekauft. Alles ist freiwillig. Es gibt bei
uns keine Kirchensteuer. Freiwillig gibst Du, was du hast. Einmal hatte ich viel, da
habe ich 2.000 Euro gespendet. Meine Tochter 10 Euro. Nur als Beispiel. Das ist unser
Haus. Das gehört sonst niemandem – uns. Da hilft man sich."* (Niko Raptis)

*Nach wie vor war diese Daseinsform ein „Leben im Spagat". Wir lebten in zwei Kultu-
ren, auch unsere Kinder. Wir dachten ja in den Anfangsjahren immer, es geht wieder
zurück. Wir bekamen noch eine Verlängerung und noch eine Verlängerung unserer
Arbeit in Wiesbaden. Irgendwann holten wir unsere Kinder nach, obwohl wir bis
heute Geld für Griechenland zurücklegen."* (Atheni Floros)

„Die Deutschen werden zu den nächsten Verwandten"

*„Ich fühle mich als Griechin und habe Respekt vor den Anderen, auch nicht nur vor den
Deutschen! Obwohl für die Deutschen habe ich mittlerweile und sowieso ein anderes Gefühl,
weil ich ja hier lebe und so."* (Evangelia Megalos)

*„Es ist so, wie wenn man miteinander verwandt ist: Man lebt ja hier und mit allem Drum
und Dran. Die Deutschen sind ja – wenn man so will, die nächsten Verwandten."*
(der Ehemann Athanasi Megalos)

Bei der 1. Generation blieb die Erinnerung und der Bezug zur Herkunft aktiv bestehen
und war oft mit emotionalen Rückkehroptionen gekoppelt:

*„Ich bin und bleibe im Herzen ein Grieche. Ich lebe hier in Wiesbaden, aber meine
Erde ist Griechenland. Dort möchte ich begraben werden."* (Kostas Fotakis, 83-jähri-
ger Gastarbeiter der 1. Stunde)

Dieses Phänomen nimmt bei den Folgegenerationen stetig ab: Erinnerungen werden
beispielsweise durch ritualisierte religiöse Handlungen und Feste, durch Lernen der griechischen Sprache (in speziellen griechischen Klassen), durch ritualisierte Wiederholungen
von Traditionen aufrechterhalten. Frühe Erstmigrations-Erfahrungen werden (vor-) ge-
lebt durch die Elterngeneration.

*„Vielleicht klingt dies ein wenig patriotisch, muss ich sagen – aber manchmal
muss man auch so sein. Ich bin zwar schon seit 40 Jahren hier, aber für mich hat das
keinen Wert, wenn ich die deutsche Staatsangehörigkeit nehme. Weil, ich bin Griechin und da stehe ich auch dazu. Ich bin stolz darauf. Und ich bestehe auch immer,
dass die Kinder was (Anm.: griechisch) sprechen oder lesen können oder wenigstens
ein bisschen schreiben. Ich bin ja noch auf eine griechische Schule, früher gab
es noch eine griechische Schule, ein Lyzeum in Wiesbaden gegangen. Ja, das gibt es
leider nicht mehr, aber noch in Frankfurt. Man muss seine Kultur, seine Sprache beibehalten. Man muss wissen, woher man kommt."*
(Sofia Nikolaidis, 40 Jahre, 2. Generation)

*Deutlich wird eine stärker werdende Vermischung ‚kultureller Orientierungen'.
Im Zeitalter der Globalisierung sind Festlegungen auf eine homogene nationale und ethnische
Identität veraltet – diese Haltung fördert pauschalisierende Stereotypen und letztendlich
auch Vorurteile.*

Im Pausenraum beim Frühstück

„Der Fremde ist nicht der Wandernde, der heute kommt und morgen geht, sondern der, der heute kommt und morgen bleibt" (Georg Simmel)[74]

7. Geschichte(n) der Integration

Griechische Einwanderungsgeschichte(n) von fast sechs Jahrzehnten

Griechinnen und Griechen zählen zu den am besten integrierten Nationalitäten in Deutschland. Ihre Kinder und Kindeskinder, von denen viele mittlerweile die doppelte Staatsangehörigkeit besitzen, zeichnen sich durch eine gute schulische Bildung aus, verfügen wie zum Beispiel der Wiesbadener Deutsch-Grieche Christos Mantzios über ein hohes Bildungsniveau und partizipieren wie „andere" auch an der sozialen Teilhabe bzw. am Bildungssystem, am Arbeitsmarkt und am nationalen Bildungsangebot.

Bei den Fragen zu den erlebten „Integrationsprozessen" in den Jahrzehnten der Einwanderung äußerten über 85 % der Interviewpartner, dass die Integration gut verlaufen sei und sie sich bis heute „gut" in der Aufnahmegesellschaft aufgehoben und von ihr angenommen fühlen. Obwohl die griechischen Arbeitsmigrant*innen davon ausgingen, nach einigen Jahren wirtschaftlich besser gestellt wieder in die Herkunftsregionen zurückzukehren, so sah die Realität anders aus. Nach einem langen Jahrzehnt des Gastarbeiterstatus blieben sie auf Dauer und waren über die Jahre der Aufenthalts- und Arbeitsverlängerungen fast unbemerkt zu einem festen Bestandteil der Wiesbadener Bevölkerung geworden.

„Meine Eltern sagten: Wir sind hier nur als Gäste. Wir müssen uns anpassen, sonst werden wir nicht akzeptiert" (Vassilis Megalos)

Ein wichtiger Punkt, der sich herausstellte, war, dass sich die Griechen der 1. und der Folgegeneration integriert fühlen, ohne ihre Identität aufgegeben zu haben. Besonders durch das Aufrechterhalten und die Pflege der eigenen Werte und Traditionen scheint in der befragten Gruppe ein „Schlüssel" der Integration und kein Ausschluss der Integration bzw. eine eventuelle Segregation zu liegen. Das Aufeinander zugehen wird zwar in der Anfangszeit als „nicht einfach" beschrieben, besonders aufgrund der (noch nicht vorhandenen Deutschkenntnisse), aber in den Folgejahren als bereichernd und als Zugewinn.

„Die Menschen haben mich immer sehr gut aufgenommen. Jedes Volk hat was zu geben. Jeder Mensch hat was Gutes, was Schlechtes, auch übertragen auf das Volk. Wir müssen immer das Gute nehmen und daraus etwas machen. Das Schlechte soll man lieber an der Seite lassen. So habe ich mich in den Jahren verhalten. Viel Liebe, viel Respekt den Menschen gegenüber und ganz wichtig – die eigenen Werte, die man hat, nicht aufgeben für ein bisschen Geld, ein bisschen Macht. Ganz wichtig, die eigenen Werte beibehalten." (Maria Antoniou)

„Was veränderte sich, als wir uns integrierten? Es veränderte sich unsere Kultur, es sind viele Faktoren, die dazu beitragen, die Menschen, die Mitmenschen und trotzdem lohnt es sich, die eigene Kultur zu behalten. Zum Beispiel die Gründlichkeit war ja immer etwas typisch Deutsches und wurde großgeschrieben.
Made in Germany – das ist leider fast verloren gegangen. Identität, auch die der Deutschen ist verloren gegangen, leider. Bestimmte Werte, die gut sind, sind verloren gegangen. Deutschland hat seine eigene Tradition und die sollen sie auch behalten, wie die Griechen."
(Athanasi Michelakakis)

„Es gibt immer etwas Gutes von beiden Kulturen"

Das erste ausländische Betriebsratsmitglied bei Kalle-Albert, der Grieche Athanasi Megalos über die deutsche Arbeitsweise:
„Ja, auf jeden Fall haben wir Veränderungen im Miteinander besonders auf der Arbeit erlebt: Die gewisse Genauigkeit. Auch das Verhalten nach der Arbeit, dass man den Platz nicht so dreckig hinterlässt. Ich habe in Griechenland zum ersten Mal eine Handwerkergruppe kennengelernt, die mich an Deutschland erinnert hat. Die haben in meinem Haus nach der Arbeit den Besen genommen und alles gekehrt, saubergemacht. Ich habe sie gefragt: wie kommt das, dass ihr alles wegmacht? Ja, wir möchten nicht den Dreck vom Vortag wieder wegmachen. Obwohl die Gruppe niemals in Deutschland war. In Griechenland ist dies immer noch anders. Nur so kann man die Gesellschaft und die Menschen verändern, wenn man die Menschen anspricht, ein gewisser ehrlicher Austausch. Es gibt immer etwas Gutes von beiden Kulturen."

Griechischer Nationalfeiertag in der griechischen Schule

„Seit den über 50 Jahren, die ich hier in Deutschland bin, lerne ich von allem"

„Ich habe nichts verändert. Die Werte, die ich schon von meiner Mutter und Groß-mutter bekommen habe, alles, die Traditionen, an denen halte ich fest. Allerdings, wenn mir etwas nicht gefällt, dann sage ich: Lass es. Aber ich sehe an den alten Traditionen nicht viel, was ich weglassen kann, das sind alles wertvolle Sachen. An 1. Stelle der griechisch-orthodoxe Glaube. Das kommt auch von der Schule, was wir lernten: Respekt haben vor den Menschen. Egal, was er trägt oder so. Was heute oft fehlt, ist der Respekt. Seit den über 50 Jahren, die ich hier in Deutschland bin, lerne ich von allem. Für mich ist das gut. Obwohl sich vieles verändert hat, heutzutage. Ich habe auch die Kultur in der deutschen Küche, vom Essen angenommen. Was mir sehr gefällt: die Sauberkeit, Pünktlichkeit, Ordentlichkeit in Deutschland. Die Leute sind zuverlässig. Das finde ich sehr gut. Auch Sie (Anm.: die Autorin) haben gesagt,

sie kommen um 15 Uhr vorbei und sind dann auch pünktlich da. Bei uns wäre das anders. Der Grieche würde sagen: ich komme so gegen 15 Uhr, das könnte 14 oder 16 Uhr heißen. Wir selbst merken ja nicht, dass wir uns verändert haben, erst wenn wir wieder in Griechenland sind. Dann merke ich es, ich frage auch meine Verwandten. Die dort sagen, die Deutschen denken anders. Meine Angehörigen dort sagen: Man merkt, dass ihr Einfluss habt von draußen, dass ihr nicht mehr in Griechenland, sondern in Deutschland lebt, aber positiv." (Eleni Raptis)

Wenn ich Dich nicht küssen möchte, frage ich, wo ist Deine Wange? -
Man muss sich anpassen und in die Gesellschaft integrieren

„Unsere Integration hat gut geklappt. Überall in jedem Land gibt es andere Sitten, diese müssen wir kennen und wissen, dass die Menschen anders ticken als wir. Man muss sich in die Gesellschaft integrieren: man muss auch geben, dann kann man auch nehmen.

Ich weiß, was meine Pflichten sind. Wenn ich irgendwo hingehe, muss ich mich erkundigen, was mich erwartet und mich vorbereiten. Über das Land und Menschen. Man bekommt sonst keinen Respekt.

Es gibt ein griechisches Sprichwort, das so lautet - wenn ich Dich nicht küssen möchte, frage ich, wo ist Deine Wange?-. Man muss sich anpassen und in die Gesellschaft integrieren."
Christos Demetriou (ehemaliger Galerist)

Hervorzuheben ist hier, dass ein wesentliches Zugehörigkeitsmerkmal die soziale und gesellschaftliche Teilhabe ist. Umso gesellschaftlich „integrierter" die befragten Griechen sind, dies zeigt sich über das aktive Erwerbsleben, aber auch soziale Komponenten wie Freizeitaktivitäten beispielsweise (in deutschen oder deutsch-griechischen Vereinen), desto mehr fühlen sie sich „angekommen" und auch „zugehörig".

„Ich war in dem ersten deutsch-griechischen Fußballverein in Schierstein und lernte dort vor über 45 Jahren zwei gute deutsche Freunde kennen. Bis heute sind sie – das kann ich sagen - meine besten Freunde. Wir gehen durch dick und dünn, helfen uns und unseren Familien gegenseitig. Einmal habe ich dem Deutschen einen Job bei mir im Lokal besorgt." (Ehemaliger Gastronom und früherer Chemiearbeiter Theodoros Moustakas)

Sprache als Türöffner zur Aufnahmegesellschaft
„Da habe ich gemerkt, ich gehöre dazu"

Niko beantwortete die Frage nach dem „Schlüssel" seiner eigenen Integration kurz und knapp:

„Ab dem Punkt, wo ich Deutsch gelernt habe. Und dies habe ich in 6 Monaten selber gelernt. Da habe ich gemerkt, ich gehöre dazu. Mein Vater zum Beispiel konnte nicht lesen und schreiben, verfügte aber über 50 Wörter, mit denen er sich aber auch auf der Arbeit verständigen konnte. Man glaubt es kaum. Mit diesen 50 Wörtern ist er durch sein ganzes Arbeitsleben in Deutschland gekommen. Durch ihn habe ich gelernt, dass wenn man interessiert ist und der Wille da ist, kannst Du es auch in einem fremden Land schaffen."
(Niko Papadakis)

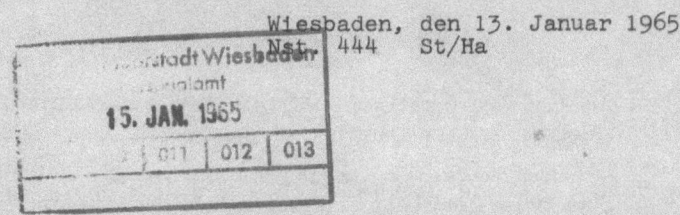

Sozialamt
400

Wiesbaden, den 13. Januar 1965
Nst. 444   St/Ha

Stadt Wiesbaden
....zialamt

15. JAN. 1965

011 | 012 | 013

Personalamt -012-

Küchenhilfe ▓▓▓▓▓▓▓▓▓▓▓▓▓▓▓▓▓▓▓▓▓▓▓▓▓▓▓▓   - Alten- und Pflegeheim Wiesbaden-Biebrich

Die Griechin ▓▓▓▓▓▓▓▓▓▓▓▓▓▓▓▓▓▓▓▓ ist seit 23. 11. 1964 als Küchenhilfe im Alten- und Pflegeheim Wiesbaden-Biebrich beschäftigt. Die
ihr übertragenen Arbeiten in der Küche verrichtet sie mit Freude
und Umsicht. Sie ist fleißig, willig und paßt sich der Arbeitsgemeinschaft gut an.

Die Weiterbeschäftigung wird befürwortet.

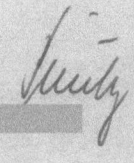

Beurteilung für eine griechische Mitarbeiterin der Stadt Wiesbaden

„Ich bin stolz auf das, was ich mir erarbeitet habe. Alles habe ich mir aus eigener Kraft auf-gebaut, auch die deutsche Sprache habe ich mir ohne fremde Hilfe eigenständig angeeignet."
(Maria Kotzias)

„Integration muss täglich erneuert werden"

> *„Integration ist keine abgeschlossene Sache, sie muss nämlich tagtäglich erneuert werden. Es kommen ja auch Menschen zu uns in die Gemeinde, die die Erfahrungen, die wir haben, noch nicht gemacht haben. Wir müssen diese Menschen aufnehmen und begleiten. Ich sehe, wie unsere Kinder, die in zwei Kulturen aufwachsen, diese Integration mit anderen Augen sehen. Wir als Erwachsene, als Eltern dieser Kinder, müssen unseren Beitrag leisten für die Integration der nächsten Generation. Es geht darum, sie zu begleiten und in die richtige Richtung zu fördern."*
> *(Erzpriester Georgios Papassalouros)*

Aus der Saison- oder Gastarbeit wurde die Einwanderung

Die anfangs kurzfristig angelegte Auswanderung der Gastarbeiter*innen der 1. Generation gestaltete sich trotz Re-Migration[75] für viele zu einem persönlichen und familiären Projekt auf Dauer. Bis 1973 kamen im Rahmen der amtlichen Anwerbung rund 14 Millionen aus-ländische Personen – davon gingen etwa 11 Millionen wieder in ihr Herkunftsland.
Die griechischen Migranten kehrten bis weit in die 1990er Jahren zu 86 % wieder nach Griechenland zurück.[76]

Aus der Saison- oder Gastarbeit entwickelte sich eine stufenweise Einwanderung mit einer Niederlassung in der Diaspora.

So fanden die ersten Griechen in Wiesbaden nationale Institutionen, national organisierte soziale Gruppen vor, wie die griechische Botschaft mit Ansprechpartnern für die Neuankömmlinge (mit Sitz in Frankfurt), Vertreter der griechisch-orthodoxen Metropolie (die Kirchengemeinde „Heiliger Georgios" konstituierte sich mit dem Bau einer eigenen Kirche in Wiesbaden-Biebrich), griechischen (Kultur-)Vereinen, Dolmetschern und griechischen Lehrern. Das Amt des griechischen Lehrers war von großer Bedeutung, sicherte sein Griechisch-Unterricht für die Kinder der Arbeitsmigrant*innen den Erhalt der Sprache und der griechischen Kultur. Die Familie, die entweder nachgeholt oder neu gegründet wurde, trug wesentlich zum Erhalt von Identität, Kultur und Sprache bei.

Allerdings konnten weder die amtlichen Betreuer, noch die griechischen Vereine einen belegbaren soziokulturellen Migrationserfolg und einen Anschluss an die deutsche Gesellschaft ermöglichen. Es gab Kooperationen mit den kirchlichen Vertretern wie die der Diakonie, die die Trägerschaft bezüglich der griechischen Betreuung übernommen hatten, und die neben Betreuern auch Anlaufstellen und Treffpunkte für die Community zur Verfügung stellte.

Geschichte(n) der Integration

Wiesbaden ist eine Stadt mit vielen Kulturen.
Mittlerweile leben in der hessischen Landeshauptstadt Menschen aus 165 verschiedenen Nationen bzw. Herkunftsländern.[77]

Die südeuropäischen Zuwander*innen der 1. Stunde behielten auch nach über 50 Jahren ihre eigene Staatsangehörigkeit: Griechen und Italiener zu 88%; Spanier und Portugiesen zu 85% – mit abnehmender Tendenz bei der Folgegeneration.

Stadt der Vielfalt – Stadt der Migration

Grenzüberschreitende dynamische Wanderungsbewegungen und die damit verbundene Diversität prägen das urbane Leben und die Stadtentwicklung und tragen zu einer Kosmopolitisierung des Alltags bei. Die „Zuwanderungswellen" der letzten Jahrzehnte prägten nachhaltig bis heute die Kultur, das Leben und das soziale Gefüge der Wiesbadener Stadtbevölkerung.

Migration (im Kontext der Migrationsgesellschaft[78]) als „dauerhafter prägender Prozess" kann daher als „feste Größe" für die Stadtentwicklung angesehen werden. **„Man könnte sogar sagen: Migration prägt hier nicht die Stadt. Migration ist die Stadt."**

Starke Zuwanderung in der Anwerbephase

Während der „Gastarbeiterperiode" erhöhte sich die Zahl der Ausländer*innen in Wiesbaden von 4.820 Personen im Jahr 1960 auf 25.000 Personen im Jahr 1973. Auch in den Folgejahren (1974 bis 1976) wuchs die Ausländerzahl in Wiesbaden kontinuierlich.[79] Bei den südeuropäischen Arbeitsmigrant*innen machten die italienischen Personen einen höheren Anteil an der Gesamtbevölkerung Wiesbadens aus, gefolgt von geringeren Anteilen der Griechen, Spanier und Portugiesen.

Männer auf dem Balkon des „Gastarbeiter"-Wohnheims Kastel 1963

Im Januar 1973 erfasste man für den Landesarbeitsamtsbezirk Hessen 274.316 ausländische Arbeitnehmer*innen: der größte Anteil mit 122.253 Personen in Frankfurt; dem folgte Darmstadt mit 48.425 und Offenbach mit 21.746, an 4. Stelle Wiesbaden mit 19.221 Personen. Im Jahr 1973 wurde die höchste Zahl griechischer Zuwanderer*innen in Wiesbaden mit 3.747 Personen gezählt – im Vergleich zum Jahr 1961 mit 325 und 1962 mit 634 Personen.

Jeder 8. Arbeitnehmer mit „ausländischem" Hintergrund

In der Höchstphase der Ausländerbeschäftigung in der Bundesrepublik Deutschland war fast jeder achte Arbeitnehmer ein „Ausländer"[80], unter Berücksichtigung der wirtschaftlich regionalen geographischen Verteilung im Rahmen der Anwerbeabkommen in Deutschland.

Der höchste Frauenanteil unter den griechischen Arbeitskräften in Wiesbaden

Interessant ist hier, dass der höchste Frauenanteil erwerbstätiger ausländischer Frauen in Wiesbaden unter den Griechischstämmigen mit 1.227 griechischen Frauen zu verzeichnen ist (im Vergleich: 1.041 Jugoslawinnen, 1.001 Italienerinnen, 807 Türkinnen, 443 Spanierinnen, 293 Portugiesinnen).[81]

Verteilung ausländischer Arbeitnehmer*innen

Den größten Anteil ausländischer Beschäftigter hatte Nordrhein-Westfalen mit 679.355 Personen, dem folgten an 2. Stelle mit 569.631 Baden-Württemberg und an 3. Stelle Hessen mit 274.316 ausländischen Arbeitskräften. Die sogenannte Ausländerquote war 1973 in Hessen mit 13,3 % und Wiesbaden mit 12,6 % (nach Baden-Württemberg mit 16,5 % und Südbayern mit 13,0 %) die dritthöchste, noch vor Nordrhein-Westfalen mit 11,2 %.

Wiesbaden im 21. Jahrhundert

Laut Statistisches Jahrbuch (Stand: 31.12.2018) der Stadt Wiesbaden leben 290.560 Menschen in Wiesbaden, davon 36 % „gebürtige" Wiesbadener – 111.982 Personen weisen einen Migrationshintergrund auf: 50.891 gehören zum Migrationstyp „Ausländer*innen der 1. Generation" und 10.679 sind „Ausländer*innen der 2. und 3. Generation". 69.752 Personen mit Migrationshintergrund besitzen europäische Wurzeln.

Die größte Migrantengruppe stellen die 16.633 Wiesbadener*innen mit türkischem Migrationshintergrund, danach folgen 7.294 Menschen mit polnischen Migrationshintergrund – 3.455 Personen besitzen griechischen Migrationshintergrund.

Ausländeranteil: Die Zahl der ausländischen Personen beträgt insgesamt 61.570, davon umfasst der größte Anteil 43.279 Personen europäischer Herkunft (Griechenland: 2.844), 4.378 aus afrikanischen Ländern, 2.238 aus Nord- und Südamerika, asiatische Länder mit 10.175 Personen und andere wie Australien und Ozeanien mit 86 Personen sowie Staatenlose mit 72 und 1.342 Menschen mit ungeklärter Staatsangehörigkeit.

Wiesbaden – Eine multi-ethnisch geprägte Stadtgesellschaft

„In knapp 50 Jahren hat sich damit die Wiesbadener Stadtgesellschaft von einer relativ homogenen Bevölkerung der Einheimischen mit einem hohen Anteil in Wiesbaden Geborener und hohem Bevölkerungsanteil mit langer Wohndauer zu einer multiethnisch geprägten Stadtgesellschaft mit einer hohen Veränderungsdynamik entwickelt. Diese Veränderungen werden mittel- und längerfristig weiter fortschreiten."[82]

„Da Integration in Wiesbaden auch weiterhin als kommunale Querschnittsaufgabe verstanden wird, werden auch Statistik und Stadtforschung die weiteren Entwicklungen der Zuwanderungs- und Integrationsprozesse verfolgen und mit Informationsgrundlagen und Analysen begleiten und unterstützen. Neben dem bereits etablierten Monitoringsystem werden zukünftig auch verstärkt Aspekte der „Zuwanderungen" und der Wohnstandortwahl, der räumlichen Verteilung von Migrant*innen im Wiesbadener Stadtgebiet (Segregation), der Mobilität und des Bevölkerungsaustausches (Sukzession) und der konkreten Lebenslagen in Quartieren und Stadtteilen, der schulischen und beruflichen Integration, der sozialen Milieus der Migrantenbevölkerung, der kulturellen Teilhabe und des bürgerschaftlichen Engagements, der Begleitung und Evaluierung von Handlungsprogrammen und andere Aspekte untersucht.
Die ressortübergreifende Abstimmung und Kooperation ist und bleibt dabei ein konstituierendes Grundprinzip der Arbeit."[83]

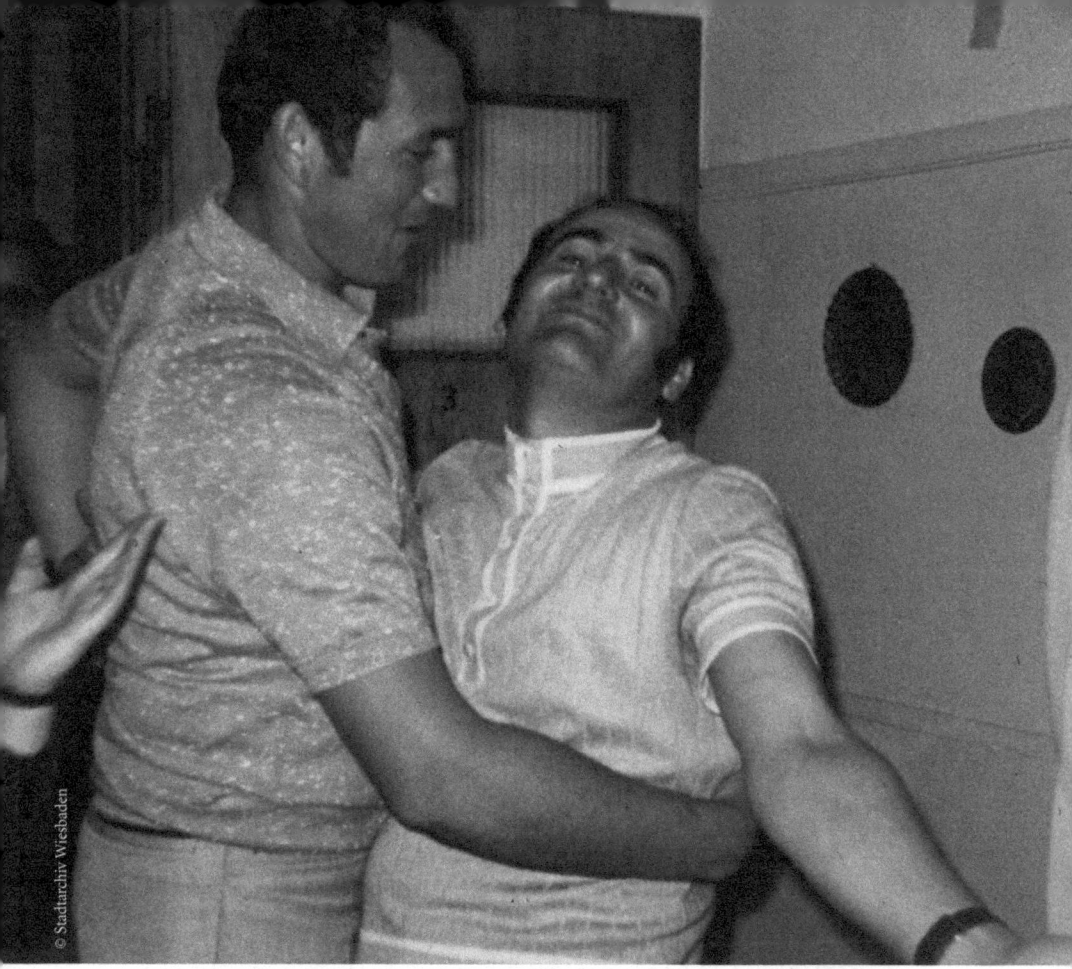

Feiern und Kennenlernen auf dem „Ball der Nationen" 1970

„Alles ist so lange fremd, bis man sich kennt"

„Alles ist so lange fremd, bis man sich kennt. Wenn man die Möglichkeit nicht hat, sich kennenzulernen, wird man immer fremd bleiben und es wird keine Integration geben." (die ehemalige Chemie-Arbeiterin Christina Kasanzidis)

„Die Menschen in der Firma waren eigentlich gut integriert. Was nicht integriert war, war draußen in der Gesellschaft. Ich war für die Vergabe der Werkswohnungen zuständig. Stimmrecht 50:50 mit Arbeitgeber. Es waren bestimmte Straßen mit Ausländern in Wiesbaden, es gab Unterschiede. Die Integration wurde dadurch nicht gefördert. Mit diesen Ghettos wurde eine Parallelgesellschaft gefördert. Wenn sich bestimmte Gruppen abschotten von den Deutschen, dann schotten wir uns auch von den Deutschen ab. Wenn sie hier leben und leben sollen, alle gemeinsam, müssen sie sich auch kennenlernen."
(Maria Floris, ehemalige Mitarbeiterin bei den Werken Kalle-Albert)

81

Spracherwerb und Integration
„Wenn Du die Sprache sprichst, öffnet sich das Land für Dich"

> *„Die Sprache hat einen hohen Wert bei der Integration. Da muss man ja auch zu-*
> *hören, was der andere sagt. Aber, wenn er was sagt, und Du verstehst nichts, dann*
> *denkst Du wahrscheinlich, der sagt was Schlechtes über mich. Sprache ist der Schlüs-*
> *sel der Integration: Die Sprache ist das Allerwichtigste. Die Sprache, damit man den*
> *Gegenüber versteht."* (Stavros Nikolaidis)

Neben dem Spracherwerb sehen Stavros Nikolaidis und seine deutsche Frau Hannelore Nikolaidis, die sich beide seit 1974 kennen und ein Jahr später heirateten, eine Offenheit zur Aufnahmegesellschaft sowie ihrerseits eine gewisse Form der *„Anpassung".*

> *„Anpassen, also gucken, wie sieht die deutsche Gesellschaft aus, wie sind*
> *ihre Regeln und sich da ein bisschen zurechtzufinden und nicht so für sich alleine*
> *und isoliert zu leben."*

Petra Nikolaidis, die sich mit ihrem griechischen Ehemann Stavros aktiv der griechischen Kultur widmete, gründete gemeinsam mit anderen Deutschen und Griechen einen deutsch-griechischen Verein. Sie wollte die griechische Kultur nicht nur kennenlernen, sondern auch verstehen lernen. Sie lernte die griechische Sprache in Wort und Schrift, lernte die Kultur, das südeuropäischen Essen und sogar auch die Tänze. Sie plädiert dafür, *„als Erstes erst einmal die Sprache lernen, das ist ganz, ganz wichtig. Auch sich integrieren in deutschen Vereinen, ein bisschen unter die deutschen Leute kommen. Sprache lernen ist das A und O. Wenn ich die Sprache kann, dann bin ich – ich!"*

> Dennoch sei Integration schwierig und brauche Zeit, *„da muss man sich Zeit für neh-*
> *men, weil es geht nicht von heute auf morgen.* **Aber wenn Du die Sprache sprichst,**
> **öffnet sich das Land für Dich."** *(Stavros Nikolaidis)*

(Auf der Suche nach dem) Schlüssel für gelungene Integration?

> *„Die Offenheit der Griechen hat geholfen, sie wollten Teil der Gesellschaft sein.*
> *Auch der Dialog am Arbeitsplatz, es gab freundschaftliche Verbindungen am Arbeits-*
> *platz und im Alltag. Wichtig ist: Die Sprache zu lernen, ohne die eigene Kultur auf-*
> *zugeben. Von anderen die Kultur kennenlernen und respektieren. Gemeinsam auf-*
> *einander zugehen. Es reicht nicht aus, Grenzen zu öffnen, man muss auch verstehen*
> *lernen, was den anderen umtreibt, man muss zuhören und den anderen mit Respekt*
> *begegnen. Persönliche Kontakte sind wichtig, dann ist Migration möglich."*
> *(Hans-Michael Maus. ehemaliger Betriebsratsvorsitzender der Glyco)*

Schnellkantine und Poststelle im Wohnheim Kastel, 1963

„Vom Weggehen und Ankommen"
8. Die Arbeitsmigrant*innen von einst sind lange angekommen

Geschichte wird gemacht – Geschichte wird weitergeschrieben

Die Gastarbeiter*innen von einst sind schon lange in der Bundesrepublik angekommen – ebenso ihre Nachkommen. Anfangs unbemerkt, aber spätestens nach dem Zuzug der Familien, der Sesshaftigkeit und dem Etablieren in die Gesellschaft wurden sie sichtbar. Die Wanderarbeiter sind schon lange keine Saisonarbeiter auf Zeit mehr. Sie sind leise und unbemerkt angekommen. Mittlerweile leben laut Mikrozensus aus dem Jahr 2017 über 438.000 Griechischstämmige in Deutschland[84], davon in Hessen über 39.000. Die Aufenthaltsdauer spricht für sich: mit einem Durchschnitt von über 15 Jahren (die 1. Generation teilweise mit Unterbrechungen fast 60 Jahre) haben sie sich in Deutschland (neu) verortet: sie haben Familien gegründet, die 2., 3. und die Folge-Generationen verfügen ebenso über eigene soziale und familiäre Strukturen in der Bundesrepublik.

Sie sind schon lange angekommen, obwohl sie eigentlich nie richtig „emigriert" sind – ein Prozess einer ambivalenten Einwanderung. Der Gaststatus wurde einfach verlängert, so lange, bis die Griechinnen und Griechen der 1. Generation bleiben konnten.

Im Zuge eines (immer noch anhaltenden) Migrationsprozesses entwickelten sich in ihren „Sozialräumen" verschiedene Formen von **Zugehörigkeiten.**

Wesentliche Indikatoren der Integration wie die rechtliche Dimension durch die Aufenthaltssicherheit, aber auch strukturelle Integrationsprozesse wie die Teilhabe am Bildungssystem und Arbeitsmarkt, die kulturelle Integration wie zum Beispiel der Spracherwerb, die soziale Integration am Beispiel der interethnischen Partnerschaften („Mischehen") zeigen, dass die ehemaligen „Wanderarbeiter" und „Gastarbeiter" von einst lange in der deutschen Aufnahmegesellschaft angekommen sind. Besonders am Beispiel der zugewanderten Menschen aus Südeuropa wird sichtbar, wie Migration das städtische Leben kontinuierlich prägt und eine Diversität hervorgebracht hat, ohne die diese Städte heute kaum vorstellbar wären.

Besonders in einzelnen Stadtteilen haben Migrationsbewegungen ihre Spuren hinterlassen und wesentlich zu Diversifizierung und kosmopolitischer Pluralität beigetragen – somit auch die Lebensqualität vor Ort entscheidend geprägt. Eigene neue multikulturelle Sozialräume entstehen sowie Fort- und Weiterentwicklungen von kulturellen Identitäten.

Unterschiedliche Identitätsmuster wurden sichtbar, es entwickelten sich Vorstellungen von „Bikultureller Identität" – „Ich bin halbe-halbe" –, aber auch Formen von ethnischer Identität und Aufrechterhaltung der Herkunft „Wir sind anders"; „Wir halten unsere Werte und Traditionen aufrecht" sowie Formen der Anpassung „Wir haben uns in Teilen angepasst".

Die Interviewpartner berichteten von individuell geprägten Identifikationsformen, bei denen wesentliche Gemeinsamkeiten bestanden: ihre Herkunft, ihre „Heimat" verbunden mit kulturellen Werten und Traditionen hielten und halten sie in ihren familiären Sozialräumen durch ihre Lebenspraxis aufrecht. Diese Traditionskette wirkt durch die Generationen hinweg, auch die befragten Menschen der 2. und 3. Generation betonten den Wert und die Wichtigkeit der griechischen Kultur, sichtbar in der Pflege der griechischen Sprache, aber auch besonders der griechisch-orthodoxen Religion. Hier scheint ein Schlüssel ihrer Integration zu liegen, was wiederum der These einer kompletten Assimilation als Voraussetzung zur Integration widerlegt.

Die Gastarbeiterinnen und Gastarbeiter von einst berichteten von einem starken Zugehörigkeitsgefühl zur Herkunfts-, Migranten- und auch zur Aufnahmegesellschaft. Eine wichtige Dimension dieses Migrationsprozesses machte der Spracherwerb aus: Maria Papandreou beschrieb dies sehr deutlich: *„Ohne Sprache bist Du nichts. Wie sollen sie dich denn sehen, wenn du nicht ihre Sprache sprichst?"*

Die Befragungen machten deutlich, dass sich eine stärker werdende Vermischung kultureller Orientierungen und kultureller Zuordnungen ausprägt. Im Zeitalter der Globalisierung sind Festlegungen auf eine homogene nationale und ethnische Identität veraltet - diese Haltung fördert pauschalisierende Stereotypen und Vorurteile.

Migration ist als dynamischer, aktiver Prozess zu verstehen. Die Menschen bzw. das Handeln der Akteure beeinflussen die Vielfalt kulturellen Wandels und das Ent-

„Gastarbeiter auf der Treppe vor dem Wohnheim"

stehen neuer hybrider Formen. Die Gastarbeiterinnen und Gastarbeiter gingen fort und blieben, in einem aktiven dauerhaften Prozess schufen sie neue soziale Räume in Deutschland – Wiesbaden wurde zur neuen Heimat.

Der Begriff der **Heimat** schließt auch die Möglichkeit auf neue Beheimatung ein. Sichtbar wird dies an der Gruppe der befragten griechischen Zuwander*innen. **Heimat** bedeutet die Aneignung einer vertrauten Lebenswelt und die Ausbildung auch neuer sozialer Zugehörigkeiten.

Es ist von gesellschaftlicher Bedeutung, besonders vor dem Hintergrund des Miteinanderlebens vieler multiethnischer Gruppierungen in einer Stadt wie Wiesbaden, dass die Menschen, die diesen langen, beschwerlichen Weg erst über die Arbeitsmigration, dann über die Immigration bis hin zu einer dauerhaften Niederlassung gegangen sind, gesehen und gehört werden.

Solange ihre Integrationsleistung weder wahrgenommen noch anerkannt wird, vollzieht sich der stille Prozess der langsamen Migration allein und gesellschaftlich isoliert.

Die Menschen der Aufnahmegesellschaft und die der Zugewanderten agieren in dem Prozess der Migration und Integration aktiv miteinander. Beide tragen eine Verantwortung für ein gesellschaftliches Miteinander, das nicht in einem Nebeneinander und in sogenannte „Parallelgesellschaften" führen sollte.

Es ist wichtig für eine „Willkommensgesellschaft", die Integrationsleistungen der Gastarbeiter*innen der 1. Generation zu würdigen und ihnen eine gesellschaftliche Plattform zu geben. Dazu hört auch eine Beteiligung an gesellschaftlichen-politischen Prozessen hin zu Bürgerrechten.

Wir alle tragen eine gesellschaftliche Verantwortung

Wir sind angehalten, aufeinander zuzugehen. So, wie es hier die ersten Griechen in Deutschland getan haben.

Bei 1/3 der Menschen mit Migrationshintergrund bleibt Migration – obwohl nicht mehr selbst aktiv erlebt – als Element biografischer Kernnarration(en) bestehen, dies geschieht über familiäre oder außerfamiliäre Zuschreibungen und über signifikante Migrationsmerkmale wie Aussehen, Sprache und Akzent oder Namen.[85]

> *„Ich bin gut in Deutschland angekommen. Aber an meinem Nachnamen unterscheidet man deutsch und nicht deutsch. Daran erkennt man immer, dass wir Zugewanderte sind." (Konstantin Papadopoulos)*

> *„Auch, aber das ist einfach nur, weil ich auch viele sehe, die auch so alt sind wie ich und auch Kinder haben im gleichen Alter und die kaum griechisch sprechen und da denke ich mir: Mensch, es ist eigentlich, eigentlich ist es ja die 2. Generation. Es ist ja nicht die 4. oder so, da muss man doch wenigstens seine Sprache kennen oder es ist, es ist ja nur von Vorteil noch eine Sprache zu kennen. Es ist ja nicht verkehrt." (Sofia Nikolaidis)*

Letztendlich geht es um das Wir

Nur mit großer Kenntnis vieler Kulturen, deren Identitäten und Kulturpraktiken, mit Selbstverständnis und einem Aufeinanderzugehen kann Integration gelingen. Andernfalls (ver-) bleibt Integration in einer Starre, verharrt, eingeschlossen in (Maß-) Regelwerken und simplifizierenden diskriminierenden Anleitungen an alles Fremde. So funktioniert Integration nicht.

In Zeiten von Globalisierung und Vielfalt und Pluralität in unserer Zivilgesellschaft sind politische Forderungen nach Begrenzungen wie spezifische Migrantenschlüssel oder einem Aufnahmestopp für andere, fremde Kulturkreise nicht nur diskriminierend, sondern auch anachronistisch. So weist mittlerweile jedes 3. Kind unter sechs Jahren in Deutschland einen Migrationshintergrund auf, in bundesdeutschen Großstädten wie Frankfurt und Berlin trifft dies bereits auf über 60 Prozent der Kinder zu.

Der Blick auf die zugewanderten Menschen, seien es nun „neue Bürger*innen", „Fremd-heimische", „Menschen mit Migrationshintergrund", sollte sich verändern und es wäre ratsam, den Blick zu öffnen.

Aufgrund der bevorstehenden Herausforderungen im Zuge der demographischen Ent-wicklung mit einhergehendem zunehmenden Fachkräftebedarf rückt das Thema **Zuwanderung** mehr und mehr in den politisch-öffentlichen Fokus und wird zunehmend als Chance gesehen, die zu einer Lösung beitragen kann.

Es liegt nahe, über einen veränderten Blick auf die hier lebenden Menschen mit Migrationshintergrund nachzudenken und sich zu fragen, ob es nicht an der Zeit ist, diese im Sinne einer fraglosen Zugehörigkeit[86] als deutsche Bürger anzusehen, gar als „Neue Deutsche"?

Die Verantwortung für die Migrant*innen von einst und von heute tragen wir alle.

Was würden Sie heute aus Ihrer Erfahrung heraus den ausländischen Menschen, die neu nach Deutschland kommen und den Personen, die mit ihnen an ihrer Integration arbei-ten, empfehlen, damit diese auch gelingen kann?

„Lernt die deutsche Sprache, seid fleißig und für alle: öffnet Eure Herzen!"
(Erzpriester Vater Georgios).

Fußnotenverzeichnis

1. Dimitrious Mouras, Interviewpartner.

2. Dimitrious Mouras, ebd.

3. vgl. Bohannan/van der Elst (2002): „Fast nichts Menschliches ist mir fremd".

4. Treibel, Annette, ebd. S. 21.

5. Die beiden Begriffe ‚Migration' und ‚Zuwanderung' werden hier synonym verwendet; ebenso die personifizierte Bezeichnung „Migrant*in", „Wander*in/"Zuwander*in". Die Bezeichnung „Menschen mit Migrationshintergrund" umfasst die Folgegenerationen.

6. Treibel, Annette, ebd. S. 21.

7. Die Gründe einer Remigration können nach Ludger Pries auch politischer Natur sein: vgl. Pries, Ludger. Internationale Migration (2001). Bielefeld: Transcript, S. 6.

8. Paraschou, Athina: Remigration in die Heimat oder Emigration in die Fremde?, S. 24f.

9. Unter dem Begriff 'Kultur' wird nicht eine Zuordnung national definierter Gruppen von Menschen verstanden.

10. „Erfahrungsbericht 1961", S.9. Ab 1952 wurde die staatliche Arbeitsverwaltung mit der Neugründung der BAVAV aus der Länder- in die Bundeshoheit überführt.

11. Im Sinne des § 43 AVAVG (Berücksichtigung der Arbeitsmarktlage vor Ort).

12. Die Gewerkschaften standen anfangs der ausländischen Arbeitskräfteanwerbung kritisch bis ablehnend gegenüber. Es wurde schon bei den ersten Anwerbeabkommen mit Italien Vereinbarungen zur tarif-, arbeits- und sozialrechtlicher Gleichstellung mit deutschen Arbeitnehmern getroffen.

13. Erfahrungsbericht 1961, Bundesanstalt für Arbeit, S. 9.

14. Vereinbarung zwischen der Regierung der BRD und der Regierung des Königreiches Griechenlands, S. 78.

15. „Ausländische Arbeitnehmer", Erfahrungsbericht 1972/73, Bundesanstalt für Arbeit (1974), S. 6.

16. Ebd., S. 6.

17. Treibel, Annette (1991): Migration in modernen Gesellschaften. Soziale Folgen von Einwanderung, Gastarbeit und Flucht. 5. Auflage, München und Weinheim, S. 123.

18. Treibel, Annette (2011): Migration in modernen Gesellschaften. Soziale Folgen von Einwanderung, Gastarbeit und Flucht. 5. Auflage, Juventa: Weinheim und München, S. 44.

19. „Anwerbung und Vermittlung ausländischer Arbeitnehmer". Bundesanstalt für Arbeit, Nürnberg 1961, S. 17.

20. „Ausländische Arbeitnehmer", Erfahrungsbericht 1963 (Hg.) Bundesanstalt für Arbeit Nürnberg, Nürnberg 1964, S. 15.

21. Ebd. S. 15.

22. „Ausländische Arbeitnehmer", Erfahrungsbericht 1963, ebd., S. 18.

23. Die Vormachtstellung der amerikanischen Filterzigaretten führte zu großen Umsatzeinbrüchen bei den hochwertigen griechischen Orienttabaksorten.

24. „Wir hatten das Zeug zum Auswandern"(2005), S. 24.

25. Ebd., S. 20.

26. „Ausländische Arbeitnehmer", Erfahrungsbericht 1961.

27. Vgl. Spiegel Nr. 41/1964 und 1971.

28. Zuständig für die gezielte Anwerbung und Vermittlung von Arbeitnehmern aus dem Ausland für eine Beschäftigung im Bundesgebiet war die Bundesanstalt für Arbeit nach dem Abkommen „AVAG" aus dem Jahr 1952 für „Wanderarbeiter".

29. „Ausländische Arbeitnehmer 1972/73", Bundesanstalt für Arbeit, Nürnberg 1974.

30. Die unter anderen auf der Repräsentativ-Untersuchung aus dem Jahr 1972 der Bundesanstalt „Beschäftigung ausländischer Arbeitnehmer" beruhen.

31. Hellenika, Jahrbuch Nr. 5 (2010), S. 39.

32. „Aufenthaltsdauer der ausländischen Wohnbevölkerung in der BRD 1978": Statistisches Jahrbuch 1979.

33. Heute nehmen die kommunalen Ausländerbehörden im Bereich des Ausländerrechts die Schwerpunkte wie die Erteilung, Verlängerung oder Versagung von Aufenthaltstiteln sowie die Duldung, die Aufenthalts- und die Niederlassungserlaubnis wahr.

34. 1981 wurde Griechenland in die Europäische Union aufgenommen.

35. Hassiotis, I.K. (1993): Überblick über die Geschichte der neugriechischen Diaspora. Thessaloniki: Vanias, S. 35ff.

36. Vgl. Chassiootis, 1993: S. 41-75.

37. Paraschou, Athina: Remigration in die Heimat oder Emigration in die Fremde?, S. 42.

38. Paraschou, ebd. S.40.

39. Die nördlichen Regionen stellten im genannten Zeitraum zusammen fast 59% der gesamtgriechischen Emigration, Paraschou, ebd. S. 41.

40. Vgl. Paraschou, ebd.

41. Vereinbarung der Zentralkommission für die Rheinschifffahrt vom 31. März 183. Trotz eines Sabotageaktes Mainzer Kaufleute wurden bis 1845 Zollhaus, Kaimauer und Landungsbrücken errichtet. Ein weiterer Ausbau des Hafens Ende des 19. Jahrhunderts scheiterte am Widerstand Wiesbadens.

42. Treibel, ebd. S. 12

43. vgl. Erfahrungsbericht der Bundesanstalt für Arbeit, 1961.

44. Es erfolgte im Frühjahr 1962 eine Überarbeitung des Abkommens aus dem Jahr 1960 mit Griechenland.

45. Erfahrungsbericht 1963 (Bundesanstalt für Arbeit), S. 6.

46. Vgl. Hessisches Statistisches Landesamt (Hg.): Die hessischen Landkreise und kreisfreien Städte, Wiesbaden 1967, S. 21ff.

47. Treibel, Annette: Migration in modernen Gesellschaften (2011): S. 13.

48. „schmutzig, gefährlich, demütigend", ebd: Nationale Migrationspolitik, S. 346.

49. https://www.infraserv-wi.de/startseite/industriepark/zahlen-und-fakten.html. Zuletzt aufgerufen am 22.01.2019.

50. Langenscheidt, Florian/Venohr, Bernd (2010): Lexikon der deutschen Weltmarktführer. Die Königsklasse deutscher Unternehmen in Wort und Bild. (Hg.). Köln: Dt. Standards Editionen.

51. http://www.chemie.de/lexikon/Chemische_Fabrik_Kalle.html. Zuletzt aufgerufen am 22.01.2019.

52. „Die ausländischen Mitarbeiter der Kalle AG" (1973), (Hg.) Personalplanung und -entwicklung der Kalle AG, S. 2.

53. Zitiert aus: Spiegel 1964, Nr. 41, S. 6. Die Tätigkeit, die er im Anschluss bei Buderus in Wetzlar in der Gießerei verrichtete, beschreibt er allerdings als „die dreckigste Arbeit".

54. Irineos Galanakis war von 1957 bis 1971 und wieder von 1982 bis 2005 Bischof bzw. Metropolit der Diözese Kissamos und Selino auf Kreta und von 1971 bis 1980 Metropolit der Griechisch-orthodoxen Metropolie von Deutschland.

55. „Die ausländischen Mitarbeiter der Kalle AG" (1973), S. 4.

56. Paraschou, Athina (2001): Remigration in die Heimat oder Emigration in die Fremde? S. 31.

57. Paraschou, Athina (2001): ebd. S. 31.

58. Erfahrungsbericht 1963 „Anwerbung, Vermittlung, Beschäftigung ausländischer Arbeitnehmer", (Hg.) Bundesanstalt für Arbeitsvermittlung und Arbeitslosenversicherung, S. 5.

59. Kalle Transparent 1/1971.

60. Wenn man sich traf, dann um sich über Familie, Schwierigkeiten mit der Arbeit oder der Sprache zu unterhalten oder sich an den Bahnhöfen zu treffen, Ankommende zu begrüßen und Abreisende zu verabschieden oder einfach einen Haltepunkt in der Ferne mit anderen Griechen zu etablieren.

61. Einsatz der „Gastarbeiter": Im Bereich Hostaphan (Folienverarbeitung), im Bereich Repro (Druckplatten) und im Bereich Alkylose.

62. „Die ausländischen Mitarbeiter der Kalle AG": Entwicklung 1960-1973 (Hg.) Personalplanung und -entwicklung, S. 14 (11/1973).

63. Ebd., S. 9.

64. Anmerkung: dies war nicht nur eine hessische Besonderheit. Auch Befragungen griechischer ehemaliger „Gastarbeiterinnen und Gastarbeiter" in Bremen, Delmenhorst und Wilhelmshaven bestätigten, dass in den Anfängen der Arbeitsmigration in den 1960er Jahren besonders Bahnhöfe bevorzugte Orte von Zuwander*innen waren. Dort traf man sich, tauschte sich aus, beobachtete ankommende und abfahrende Züge und teilte an diesem Ort ein wenig der Sehnsucht und Heimweh in der Gemeinschaft.

65. Mit Ausnahmen der zugewiesenen französischen und russischen Fremdarbeiter, die bis zum Ende des 2. Weltkrieges bei Glyco eingesetzt wurden.

66. „Nicht nur ein gebogenes Stück Blech!" Ein Lesebuch zur Firmengeschichte. (Hg.) Federal-Mogul Wiesbaden GmbH & Co. KG, S. 124f.

67. Vgl. Axel Kreienbrink, Carlos Sanz Díaz (Hg.): Das „Gastarbeiter"-System. Arbeitsmigration und ihre Folgen in der Bundesrepublik Deutschland und Westeuropa, München 2012, S. 9-24.

68. Chatzis, Dimitris: Das doppelte Buch. Romisioni, Köln 1983, S. 113.

69. Schmidt, Siegfried J. (2004): „Kultur als Programm – jenseits der Dichotomie von Realismus und Konstruktivismus", in: Jaeger, Friedrich/Liebsch, Burkhard (Hg.): Handbuch der Kulturwissenschaften, Bd. 2, Stuttgart, S. 85-100.

70. Textauszug eines Liedes des griechischen Sängers Stelios Kazantzidis.

71. So unter anderem die Interviewpartnerin Sofia Papadakis.

72. Jullien, Francoise (2017): „Es gibt keine kulturelle Identität", Berlin: Suhrkamp.

73. Metropolit von Deutschland: seine Eminenz Augoustinos in Bonn.

74. Georg Simmel war der erste deutsche Soziologe, der die Wanderungsprozese im ausgehenden 19. Jahrhundert in einem größeren historischen und gesellschaftlichen Kontext untersuchte.

75. In den Jahren von 1960 bis 1989 kehrten circa 8,4 Millionen Re-Migranten ihre Heimatländer zurück.

76. Paraschou, Athina: „Re-Migration in die Heimat oder Emigration in die Fremde?", a.a.O.

77. Statistisches Jahrbuch 2018, Amt für Statistik und Stadtforschung Wiesbaden, S. 27.

78. Der Begriff „Migration" umfasst weitergehende Migrationsprozesse und Phänomene als der reduktive Begriff der Ein- und Zuwanderung (der sich auf den Migrationstyp der Immigration bezieht): Es ist darum nicht die Rede von einer Einwanderungs- oder Zuwanderungsgesellschaft, sondern es wird bewusst von einer Migrationsgesellschaft gesprochen; vgl. Treibel, Annette (2015): Integriert Euch!, Frankfurt/Main.

79. Stadtanalyse Nr. 31 (Zuwanderungen von Migranten): „Betrug der Anteil der ausländischen Bevölkerung an der Gesamtbevölkerung Wiesbadens 1960 lediglich 1,9 %, so war er bis Ende 1993 auf den Höchstwert von 18,4 % angestiegen und verharrt seither nur knapp unterhalb dieses Niveaus (Ende 2009: 17,5 %)", S. 51ff.

80. „Ausländische Arbeitnehmer" (1974): Beschäftigung, Anwerbung, Vermittlung. Erfahrungsbericht 1972/73. (Hg.) Bundesanstalt für Arbeit, Nürnberg, S. 5.

81. Erfahrungsbericht 1972/73 der Bundesanstalt für Arbeit, S. 56f.

82. Stadtanalyse Nr. 31 „Zuwanderungen von Migranten", S. 52.

83. Ebd., S. 54.

84. Nach den statistischen Angaben des Ausländerzentralregisters aus dem Jahr 2017 haben über 1.050.000 Menschen in Hessen ausländische Wurzeln. Die größte ausländische Nationalitätengruppe in Hessen sind türkische Staatsangehörige (156.400) vor polnischen (80.900) und italienischen Staatsbürgern (73.200). Danach folgten Personen aus Rumänien (60.500), Kroatien (50.800), Syrien (47.500), Bulgarien (39.900) und Afghanistan (35.900), AZR 2017.

85. Foroutan, Naika (2010): Neue Deutsche, Postmigranten und Bindungs-Identitäten. Wer gehört zum neuen Deutschland? In: „Aus Politik und Zeitgeschichte", Bundeszentrale für politische Bildung.

86. Foroutan, Naika (2010): ebd. In: "Aus Politik und Zeitgeschichte", Bundeszentrale für politische Bildung. https://www.bpb.de/apuz/32367/neue-deutsche-postmigranten-und-bindungs-identitaeten-wer-gehoert-zum-neuen-deutschland?p=all

Quellen- und Literaturverzeichnis

Altmayer, Claus (2006): *'Kulturelle Deutungsmuster' als Lerngegenstand. Zur kulturwissenschaftlichen Transformation der 'Landeskunde'.* In: Fremdsprachen Lehren und Lernen (FLuL) 35.

Angst in Neugierde verwandeln. Evaluation, Oral History und Vermittlung von Interkultur (2017), Deutsches Auswandererhaus Bremerhaven (Hg.), Bremerhaven.

Anomeritis, Yiorgios (2017): *Endstation Ägäis/προορισμός Αιγαίο*, Athen.

Antweiler, Christoph (2009): *Heimat Mensch. Was uns alle verbindet*, Hamburg.

Anwerbung, Vermittlung, Beschäftigung ausländischer Arbeitnehmer. Erfahrungsberichte aus den Jahren 1961,1963 und 1972, Bundesanstalt für Arbeitsvermittlung und Arbeitslosenversicherung (Hg.), Nürnberg.

Arens, Susanne & Mecheril, Paul (2009): *"Interkulturell" in der Migrationsgesellschaft.* In: forum schule heute, Jahrgang 23, Heft 2, 2009.

Augé, Marc (2015): *Die illusorische Gesellschaft*, Berlin.

Bade, Klaus J. (Hg.) (1992), *Deutsche im Ausland - Fremde im Ausland. Migration in Geschichte und Gegenwart*, München.

Baur, Rupprecht S. / Hufeisen, Britta (Hg.) (2016) Bd. 6: *Vieles ist sehr ähnlich. Individuelle und gesellschaftliche Mehrsprachigkeit als bildungspolitische Aufgabe*, Baltmannsweiler.

Bischof Evmenios von Lefka/Basdekis, A./Thon, N. (Hg.) (1999): *Die Orthodoxe Kirche. Eine Standortbestimmung an der Jahrtausendwende.* Festschrift für Athanasios Kallis, Franfurt/Main.

Bohannan, Paul/van der Elst, Dirk (2002): *Fast nichts Menschliches ist mir fremd. Wir wir von anderen Kulturen lernen können*, Wuppertal 2002.

Bundesamt für Migration und Flüchtlinge (2015), *Migrationsbericht 2013*, Nürnberg.

Chatzis, Dimitris (1983): *Das doppelte Buch*, Köln.

DESTATIS (2019), Statistisches Bundesamt (Hg.): *Bevölkerung und Erwerbstätigkeit-Ergebnisse des Ausländerzentralregisters 2018*, Fachserie 1, Reihe 2.

DESTATIS (2019), Statistisches Bundesamt (Hg.): *Migration und Integration-Integrationsindikatoren 2005-2017.*

Esser, Hartmut/Gaugler, Eduard/Neumann, Karl-Heinz (1979): *Arbeitsmigration und Integration. Sozialwissenschaftliche Grundlagen*, in: Körner, Heiko/Korte, Hermann/Weber, Wolfgang (Hg.): Materialien zur Arbeitsmigration und Ausländerbeschäftigung, Band 4, Königstein.

Foroutan, Naika (2010): *Neue Deutsche, Postmigranten und Bindungs-Identitäten. Wer gehört zum neuen Deutschland?* In: Aus Politik und Zeitgeschichte, Jg. 60, Bundeszentrale für politische Bildung.

Hassiotis, I.K. (1993): *Überblick über die Geschichte der neugriechischen Diaspora*, Thessaloniki.

Heimat in der Fremde, Gastarbeiterinnen und ihre Geschichte in Wiesbaden (2003), Annette Majewski Evangelische Pfarrerin für Frauenarbeit Wiesbaden (Hg.), Wiesbaden.

Hufeisen, Britta (2008): *Wieso ist „Mehrsprachigkeit" ein solch aktuelles Schlagwort? Eine vorläufige Bestandsaufnahme*, in: Frühes Deutsch 5, Heft 14, Deutsches Institut für Internationale Pädagogik und Forschung, Frankfurt/Main.

Jullien, Francoise (2017): *Es gibt keine kulturelle Identität*, Berlin.

Die ausländischen Mitarbeiter der Kalle AG (1973): Entwicklung 1960-1973, KALLE AG (Hg.): Personalplanung und -entwicklung der Kalle AG, Wiesbaden.

KALLE Transparent, Mitarbeiter-Zeitung 1/1971.

Karakaşoğlu, Yasemin (2013), *Integration durch Bildung - welche Wege sind zu beschreiten?* In: Brinkmann, Heinz/Uslucan, Haci-Halil (Hg.), Dabeisein und Dazugehören. Integration in Deutschland, Wiesbaden.

Korte, Hermann/Schmidt, Alfred (1983): *Migration und ihre sozialen Folgen.* Förderung der Gastarbeiterforschung durch die Stiftung Volkswagenwerk 1974-1981,Schriftenreihe der Stiftung Volkswagenwerk, Band 23, Göttingen.

Kreienbrink, Axel/Diaz, Carlos Sanz (Hg.) (2012): *Das „Gastarbeiter"-System. Arbeitsmigration und ihre Folgen in der Bundesrepublik Deutschland und Westeuropa*, München.

Lienau, Cay (2010): *50 Jahre Anwerbeabkommen*, in: Hellenika Nr. 5, Jahrbuch für griechische Kultur und deutsch-griechische Beziehungen Nr. 5, Münster.

Manos, Helene (2001): *Zu Hamburg in der „Fremde"? Eine Kritik der griechischen Emigrationsideologie*, Hamburg.

Masterplan Migration (2018), *Maßnahmen zur Ordnung, Steuerung und Begrenzung der Zuwanderung*, Bundesministerium des Innern, für Bau und Heimat (Hg.), Berlin.

Matthäi, Ingrid (2005): *Die „vergessenen" Frauen aus der Zuwanderergeneration*, Wiesbaden.

Mecheril, Paul (Hg): *Handbuch Migrationspädagogik*, Weinheim und Basel 2016.

Mehrländer, Ursula (1974): *Soziale Aspekte der Ausländerbeschäftigung*, in: Schriftenreihe des Forschungsinstituts der Friedrich-Ebert-Stiftung, Band 103, Bonn-Bad Godesberg.

Motte, Jan/Ohliger, Rainer/von Oswald, Anne (1997): *50 Jahre Bundesrepublik – 50 Jahre Einwanderung. Nachkriegsgeschichte als Migrationsgeschichte*, Frankfurt.

Nicht nur ein gebogenes Stück Blech! Ein Lesebuch zur Firmengeschichte (2005). Federal-Mogul Wiesbaden GmbH&Co. KG (Hg.), Wiesbaden.

Paraschou, Athina (2001): *Re-Migration in die Heimat oder Emigration in die Fremde? Beitrag zur europäischen Migrationsforschung am Beispiel remigrierter griechischer Jugendlicher*, Bd. 3, Frankfurt/M., Wien.

Pries, Ludger (2001): *Internationale Migration*, Bielefeld.

Pries, Ludger (2008): *Die Transnationalisierung der sozialen Welt – Sozialräume jenseits von Nationalgesellschaften*, Frankfurt/Main.

Schmidt, Siegfried J. (2004): *Kultur als Programm- jenseits der Dichotomie von Realismus und Konstruktuvismus*, in: Jaeger, Friedrich/Liebsch, Burkhard (Hg.), Handbuch der Kulturwissenschaften, Bd. 2, Stuttgart.

Der SPIEGEL Nr. 41/1964: *Gastarbeiter - Per Moneta*, S. 44-58.

Statistisches Jahrbuch Wiesbaden (2018): Amt für Strategische Steuerung, Stadtforschung und Statistik (Hg.), Wiesbaden.

Terkessidis, Mark (2018): *Interkultur*, Berlin.

Treibel, Annette (2015): *Integriert Euch!* Plädoyer für ein selbstbewusstes Einwanderungsland, Frankfurt/Main.

Treibel, Annette (2011): *Migration in modernen Gesellschaften*. Soziale Folgen von Einwanderung, Gastarbeit und Flucht. 5. Auflage, Weinheim und München.

Wir hatten das Zeug zum Auswandern. Griechinnen und Griechen auf der Nordwolle und in Delmenhorst (2003). Nordwestdeutsches Museum für Industriekultur und VHS Delmenhorst (Hg.), Delmenhorst.

Wiesbadener Stadtanalysen (2010): *Zuwanderungen von Migranten in Wiesbaden 1960-2009*. Amt für Strategische Steuerung, Stadtforschung und Statistik (Hg.), Wiesbaden.

Wiesbadener Stadtanalysen (2011): *Migrantenmilieus*. Amt für Strategische Steuerung, Stadtforschung und Statistik (Hg.), Wiesbaden.

Wiesbadener Stadtanalysen (2012): *Herkunftsspezifische Integration*. Amt für Strategische Steuerung, Stadtforschung und Statistik (Hg.), Wiesbaden.

Wiesbadener Stadtanalysen (2017), *Bevölkerungsprognosen. Vorausberechnung der Wiesbadener Bevölkerung und Haushalte von 2016 bis 2035*. Amt für Strategische Steuerung, Stadtforschung und Statistik (Hg.), Wiesbaden.

Wiesbadener Stadtanalysen (2013): *Herkunft und Ziele der Zu- und Fortgezogenen in Wiesbaden*. Wanderungsanalysen I, Amt für Strategische Steuerung, Stadtforschung und Statistik (Hg.), Wiesbaden.

Wiesbadener Stadtanalysen (2013): *Soziodemographische Struktur der Zu- und Fortgezogenen in Wiesbaden*. Wanderungsanalysen II, Amt für Strategische Steuerung, Stadtforschung und Statistik (Hg.), Wiesbaden.

Integrationskonzept der Stadt Wiesbaden, 2. Fortschreibung, 2016-2020, Amt für Zuwanderung und Integration (Hg.), Wiesbaden.

Integrationsmonitoring 2017, Monitoring zur Integration von Migranten in Wiesbaden, Amt für Strategische Steuerung, Stadtforschung und Statistik (Hg.), Wiesbaden.

Yildiz, Erol/Hill, Marc (Hg.) (2015): *Nach der Migration*. Postmigrantische Perspektiven jenseits der Parallelgesellschaft, Bielefeld.

Bildnachweise
(Copyrights an den Bildern)

- Archiv des Deutschen CARITAS-Verbandes
- DOMID-Archiv, Köln
- Harry Vezyrgenidis
- HdG, Haus der Geschichte Baden-Württemberg, Sammlung Hannes Kilian
- Stadtarchiv Wiesbaden
- Argyri Paraschaki
- Privatbesitz

Zeitfracht Medien GmbH
Ferdinand-Jühlke-Straße 7
99095 Erfurt, Deutschland
produktsicherheit@kolibri360.de